北京市大兴区民营经济发展与
新动能培育成效研究

王关义　刘寿先　何志勇　等◎著

Research on the Effect of

Private Economy Development and

New Driving Force Cultivation in

Daxing District, Beijing

经济管理出版社

ECONOMY & MANAGEMENT PUBLISHING HOUSE

图书在版编目（CIP）数据

北京市大兴区民营经济发展与新动能培育成效研究/王关义等著.—北京：经济管理出版社，2021.4
ISBN 978 - 7 - 5096 - 7895 - 4

Ⅰ.①北… Ⅱ.①王… Ⅲ.①民营经济—经济发展—研究—大兴区 Ⅳ.①F121.23

中国版本图书馆 CIP 数据核字（2021）第 061088 号

组稿编辑：申桂萍
责任编辑：申桂萍　王东霞
责任印制：黄章平
责任校对：陈晓霞

出版发行：经济管理出版社
　　　　　（北京市海淀区北蜂窝 8 号中雅大厦 A 座 11 层　　100038）
网　　　址：www. E - mp. com. cn
电　　　话：（010）51915602
印　　　刷：唐山昊达印刷有限公司
经　　　销：新华书店
开　　　本：720mm×1000mm/16
印　　　张：13.75
字　　　数：187 千字
版　　　次：2021 年 4 月第 1 版　　2021 年 4 月第 1 次印刷
书　　　号：ISBN 978 - 7 - 5096 - 7895 - 4
定　　　价：68.00 元

目 录

第二部分 北京市大兴区经济发展新动能培育成效研究

第一部分

北京市大兴区民营经济发展状况研究[*]

*　课题顾问：李雪；课题负责人：王关义；课题组成员：何志勇、白志楠、禹小燕、于晓明、张洁心、张英峰、王江红。

引　言

自改革开放以来，民营经济在国家政策的指引下已成为我国经济发展中活跃度最高、增长性最强的经济形态。作为我国社会主义经济的主要成分之一，民营经济是我国经济制度的重要要素，是促进国民经济和社会发展的重要力量，是稳定就业和推进技术创新的重要主体，是国家税收的重要支撑，也是社会财富和城乡居民收入的重要来源，在推进供给侧结构性改革、推动我国新时代国民经济高质量发展、建设现代化经济体系中发挥着不可替代的作用。近年，习近平总书记高度重视民营经济的发展，中共中央办公厅印发了改革开放以来党中央第一份关于民营经济统战的工作文件《关于加强新时代民营经济统战工作的意见》，要求大力发展民营经济，促进国民经济高质量发展。为认真贯彻习近平总书记关于民营经济发展重要指标和视察北京重要讲话精神，大兴区人民政府坚持以习近平新时代中国特色社会主义思想为指导，营造有利于大兴区民营企业健康稳定长期发展的市场化、法制化、制度化环境，推动民营企业创新性、开放性、规范化发展。

根据第四次全国经济普查的相关数据，大兴区民营经济发展状况研究课题对大兴区不同行业的民营经济发展状况进行了较为详细的分析说明。课题的调研主要从工业、建筑业、服务业、批发和零售业以及住宿和餐饮业五个行业切入，分析了民营经济对国民经济及社会发展的贡献。课题研究发现，大兴区民营工业虽发展缓慢，但仍是民营经济的支柱；民营建筑业中，建筑施工企业虽较往年有所减少，但工业总产值正在迅速增长；第三产业即服务业、金融业、住宿和餐饮业以及批发和零售业是大兴区的重要经济主体，在民营经济中占据主导地位，经济贡献也是最大的。而且民营经济就业规模也在不断扩大，每年新增大量就业机会，为解决大兴区就业做出了巨大的贡献，促进了产业结构的优化完善。

第一章　民营经济基本概述及文献综述

一、民营经济的概念

"民营"最早出现是在20世纪30年代王春圃的《经济救国论》中，他当时把国民政府经营的企业定义为"官营"，把民间私人经营的企业称为"民营"（李清亮，2012）。毛泽东在《抗日时期的经济问题和财政问题》中指出：只有实事求是地发展公营和民营的经济，才能保障财政的供给。由此可知，民营经济最初是以经营方式来界定的一种经济形态，是与国营经济相对应的。改革开放以后，民营经济的内涵随着时代和经济的发展不断变化，"民营"一词在市场上的应用更是广泛，但是在中央政府的正式文件中一直没有出现过。直到中共十六大肯定了非公有制经济的地位，并提出了"两个不动摇"。党的十七大、十八大明确了非公有制经济发展可以完善社会主义经济制度。党的十九大报告中指出需要激发市场参与者的活力，大力支持民营经济高速度高质量发展。在 2018 年举行的民营企业座谈会上，习近平总书记再次强调了非公有制经济的地位，表明了党中央坚定不移地支持引导非公有制经济的态度。2019年政府报告提议改善民营经济发展环境，同年 12 月份，中共中央、国务院正式印发了支持民营企业改革的首个中央文件，可见党中央对于民营经济深层次的政策扶持。所以，现在"民营经济"不仅仅只是学术研究领域中的一个概念，它还是政治经济领域的一个概念，在未来会有更广阔的发展天地。

目前，不管是在学术界还是在理论界或者市场环境中，人们对于民营经济的界定有着不同的说法，大体上分为三种观点：第一种观点主要是从经营主体的角度限定的，限定了我国公民这个经营主体，认为民营经济是一种与资产经营管理权相关的市场经济形式。在学术界，单东（2003）比较认可从经营权角度界定民营经济，认为民营经济的本质属性就是经营权，即民营。何金泉（2001）认为，除由国家政权及其代理机构直接经营管理的国营经济外，其余都是民营经济，其中主要包括个体私营经济，也包括社会群体经营管理的经济。总的来说，民营经济可以是国有民营，也可以是民有民营，其被普遍认为是除国营或官营以外的由我国公民经营、控股经营的经济。民营经济被认为是除国营经济以外的经济形式，包括国有民营经济、集体民营经济、私有经济、个体经济、外资民营经济以及混合所有制的民营经济。第二种观点主要是从生产资料所有制层面来界定的，是指所有权归民众的经济形式，即私营经济，主要包括个体工商户和私营企业。黄文夫（2000）指出：民营经济是以非国有经济为基本构成的经济形式，是完全的非国营经济。《新华词典》中将外资经济刨除在外："民营经济是国有经济以外、不包括外资在内的经济成分的统称，包括集体经济、合作经济、民间持股的股份经济、个体经济和私营经济。"第三种观点认为其是两者都兼顾的经济形式，除国有经济、集体经济、港澳台经济、外资经济的其余所有的经济形态都被认为是民营经济。

根据上述界定，可以从广义和狭义两方面来定义民营经济。广义上是指除了国有和国有控股企业之外的多种所有制经济的统称，狭义上则是指除了国有及国有控股、集体经济、外商和港澳台及其控股企业之外的多种所有制经济的统称，主要包括私营经济、个体经济、股份制经济及其他非公有制经济形式。目前学术界比较认可的是狭义上的定义，本课题将民营经济界定为狭义的"私有经济"，包括私营经济和个体经济，主要指的是私营经济，以私营企业为代表分析大兴区民营经济的发展状况。但在范围上民营经济并不等于"私营经济"，更不等于"私营企业"。

二、民营经济的发展历程

改革开放以来，我国民营企业经历了从无到有、从小到大、从弱到强的发展阶段。新中国成立之初，国民经济复苏之时就形成了以国营企业为主导的多种经济成分并存的经济体系，民营经济获得了短暂的发展。但在 1956 年完成了社会主义三大改造后，我国建立了高度集中的计划经济体制，民营经济也基本销声匿迹。改革开放之后，在党和国家政策的支持下，我国的民营经济才得以恢复，并实现了快速的发展，形成了民营经济与国有经济相互促进、共同发展的局面。

（一）民营经济的起步调整阶段（1978~1992 年）

党的十一届三中全会后，邓小平同志提出以公有制为主体和其他经济成分为补充的思想，并明确规定了一定范围内的个体经济是我国经济发展中必不可少的重要组成部分，是公有制经济的必要补充。之后发展和保护个体经济被写入《中华人民共和国宪法》，个体经济在社会中的地位得到了法律的承认和保护，我国民营经济获得了一定的发展空间，至此，我国民营经济进入起步阶段。党的十三大提出"私营经济也是公有制经济必要和有益的补充"，这标志着我们党开始认识到市场因素对调节经济利益进而促进经济发展的作用，政府开始对民营经济的发展采取稳妥的、有限的政策支持。1989 年，江泽民同志在新中国成立四十周年的讲话中讲到：对于私营经济，一是要鼓励和支持；二是要利用经济的、行政的、法律的手段，对他们的运营状况加强管理和引导。做到既充分发挥它们的积极作用，又限制其不利于社会主义经济发展的消极作用。这正式表达了党中央对发展民营经济的态度，也肯定了个体经济和私营经济在社会主义市场中存在和发展的必要性以及合法性。这个时期，全国个体经济就业人员从 1978 年的 15 万人快速增长到了 1992 年的 2467.5 万人，并且私营企业首次被纳入官方统计数据，达到 13.96 万户，就业人员为 231.8 万人。

（二）民营经济的快速发展时期（1992～2002 年）

这一阶段，国家更加重视保障、引导非公有制经济发展。由于这一时期苏联的解体、周边国家及地区的经济快速发展给我国民营经济带来了一定的冲击并引发了一定的质疑，因此就有了邓小平同志的"南方谈话"。"南方谈话"提出了"三个有利于"，并创造性地论述了计划和市场的关系，明确提出社会主义国家也可以实行市场经济，这在很大程度上推进了我国民营经济体制改革的发展。之后，党的十四大提出将市场经济体制建立作为当前我国经济体制改革的主要目标，这为民营经济快速发展提供了理论依据和政策环境。党的十五大把"公有制为主体、多种所有制经济共同发展"确立为我国社会主义初级阶段的基本经济制度，第一次明确了"非公有制经济是社会主义市场经济的重要组成部分"，出台了一系列的改革措施，最大限度地唤起了民众经商和下海创业的热情，并掀起了一阵"下海经商"的热潮，此时的民营经济在社会主义市场经济中的地位和发展空间又得到了进一步的提升。这一时期，全国个体工商户增长了 54%，从业人员增长了 92%，私营企业达 243.5 万户，增长了 16.5 倍，税收贡献 976 亿元，相比起步阶段增长了 243 倍。

（三）民营经济的提升和成长阶段（2002～2012 年）

这一阶段主要以科学发展为主要内容。党的十六大提出"必须毫不动摇地鼓励、支持和引导非公有制经济发展"，我国国有企业改革建立了现代企业制度并加入了世界贸易组织（WTO），"非公经济 36 条"、《企业所得税法》、《物权法》等相关政策出台（庄聪生，2017），非公有制经济日趋完善，民营经济的发展获得了更多的机遇和保障。这一时期，全国个体工商户首次突破 4000 万户，个体私营等民营企业数量占全国企业总数的 70% 以上，民营经济的产值占 GDP 的比重超过了 60%，税收贡献超过 50%，从业人员和吸收新增就业分别占全国的 80% 和 90% 以上，是这一时期解决就业问题的主要路径，也是就业创业最大的蓄水池。

（四）民营经济转型发展阶段（2012 年至今）

此阶段以推进供给侧结构性改革、推动高质量发展和建设现代化经济体系为主要任务。党的十八大提出"要保证各种所有制经济依法平等使用生产要素、公平参与市场竞争、同等受到法律保护"。党的十八届三中全会提出，各种经济成分权利平等、机会平等、规则平等，废除对非公有制经济各种形式的不合理的规定消除各种隐性壁垒。"两个毫不动摇"和"三个没有变"以及"支持民营企业改革发展 28 条"等政策为民营经济发展营造了更加公平、开放、宽松的市场环境，进一步坚定了民营企业转型发展的信心。第四次全国经济普查发现，2018 年末，按登记注册类型分组中全国私营企业法人单位数量达到了 1575.12 万个，在全国企业法人单位中占比达到了 72.30%，从业人员达 1.73 亿人，占从业总人数的 47.53%，其中女性占总人数的 35.78%。总体来说，全国民营经济贡献税收 50% 以上，贡献国内生产总值 60% 以上，技术创新成果 70% 以上，城镇劳动就业率 80% 以上，为我国经济发展和解决就业问题做出了重大的贡献。

北京市作为我们国家的首都，其经济发展一直备受关注。2018 年末，北京市私营企业工商登记在册户数 147.5 万户，同比增长 7.26%。从业人员 1123.7 万人，同比增长 6.5%；注册资本 16.88 万亿元，同比增长 14.3%；贡献税收 1.26 万亿元，同比增长 22.9%。个体工商户 48.9 万户，同比下降 9.86%；从业人员 78.76 万人，同比下降 9.11%；注册资本 199.04 万亿元，同比下降 5.38%；贡献税收收入 381.90 亿元，同比增加 34.99%。2019 年北京民营企业百强营业收入总额达 2.63 万亿元，资产总额达 3.75 万亿元，同比增长 30.66%；税收贡献达 1050 亿元，同比增长 60.18%。据分析，57% 的民营企业被认定为高新技术企业，专利数量达 2.2 万多项，增长 87.47%，且 83% 的民营企业基本实现转型升级。

三、民营经济相关文献综述

（一）民营经济发展成就研究

随着民营经济所占比重越来越大，学者对于民营经济的地位和作用的研究也越来越多。虽然，民营经济的定义存在着异议，但是学者一致认为，民营经济在经营机制灵活性与资源配置有效性方面的优势是其他经济成分所不能比的。龚晓菊（2005）在《改革开放以来民营经济发展研究》中说道：民营经济贴近市场、依靠市场规则运作，自主经营、自担风险、自负盈亏，最终的目的是追求利润最大化，在治理结构上，产权利益关系相对单一、明晰，内部的用人、分配和激励机制较为灵活。郭今萃（2009）在研究民营经济三十年所取得的成就中认为，民营经济为我国基本经济制度的形成提供了重要内容和形式；民营经济在吸收人员就业方面取得了十分突出的业绩；民营经济创造了社会财富，提高了人民的生活水平；民营经济成为推动我国经济快速增长的重要力量，优化了城乡结构，是构建和谐社会的基础。吴玲蓉在探讨我国民营经济发展的主要问题及对策中提出，民营经济是我国经济增长的最大驱动力，是企业自主创新的主要力量，我国70%以上的技术创新来自中小企业。谢伦盛（2015）也在广东省民营经济发展环境的研究中指出，民营经济对我国国内生产总值的贡献已超过60%，解决近80%的人口就业。宋子鹏（2016）在"十二五"期间广东民营经济发展成就的研究中指出，民营经济规模不断扩大，产业结构持续优化，第三产业占比上升，民营单位数量大幅增长，质量显著提升，民营企业创新投入强度加强，产出水平显著提高等。

随着我国经济体制改革的不断深化以及对民营经济的肯定，各方面的专家学者对民营经济的发展趋势展开分析和判断，并形成了这样的共识：目前民营经济的发展虽然存在这样或那样的困难，但是总的发展趋势是乐观的。同时专家学者们对于民营经济的发展路径也进行了预测。辜胜阻（2006）等认为，民营经济未来的发展趋势表现为市场准入趋于平等、政府由"全能政府"向"服务政府"过渡、融资渠道多元化、产业集群化、活动国际化等。黄孟复认为，民营经济将持续增长，规模进一步扩大、产业结构进一步优化、技术进一步升级、承担更多责任，为社会和谐做出贡献等。袁恩桢（2010）认为，应当在公有制经济的主体地位不动摇的前提下，大力发展民营经济，为其作用的充分发挥扫清障碍，使其能够更好地为中国的改革服务。

民营经济的影响力在不断增强，现已发展为社会主义市场经济的重要组成部分和我国经济发展的重要力量，是推动市场化、城市化进程中必不可少的攻坚力量，中国的高质量发展离不开民营经济（王志凯，2018）。刘现伟和文丰安（2018）在全面深化改革对话中肯定了民营经济在优化产业结构、推动技术创新、促进转型升级等方面力度大、成效好，是我国国有经济的重要组成部分，是全面建成小康社会和现代化建设的重要依靠。习近平总书记在 2018 年民营企业座谈会上概括了民营经济的"五六七八九"特征（贡献了 50% 以上的税收，60% 以上的国内生产总值，70% 以上的技术创新成果，80% 以上的城镇劳动就业，90% 以上的企业数量），并高度肯定了民营经济的历史贡献和地位。

（二）民营经济发展中存在的问题研究

民营经济从一出现就伴随着不少的问题，遇到了不少的困难与障碍，这些问题制约着民营经济的发展。

首先是融资难的问题，融资是其中最为突出的问题之一。一直以来，民营企业内源融资是主要的融资方式，银行信贷只是一种补充方式。国家也制定了一些有利于民营经济融资的财政、税收和金融政策，民营企业也因此获得了很多融资机会，但还是解决不了民营经济资金短缺的瓶颈，融资难的困境是长期存在的。为解决融资难的问题，学者从不同的角度进行了积极的探索。

一部分学者认为解决民营经济融资问题应主要依靠融资制度。张杰（2000）在《民营经济的金融困境与融资次序》中认为，民营经济的金融困境源于国有金融体制对国有企业的金融支持和国有企业对这种支持的刚性依赖，而解决民营经济金融困境的根本出路既不在于改变国有银行的信贷行为与资金投向，也不在于扶持一些外生性的中小金融机构，更不在于提供进入股票市场的方便，而是在于营造促进内生性金融制度成长的外部环境，即应当设法让民营经济从内部获取必要的金融支持。康立、吴鞯（2001）在《制度变迁与民营经济融资渠道拓展》中从金融制度结构变迁的角度出发，提出内生于非国有经济内部的金融制度安排才是最有意义的，民间金融机构比国有金融制度更适合非国有产出增长的金融需要。高兰根和王晓中（2006）在关于金融制度变迁的文献梳理中认为，国有经济对金融资源的制度性垄断给我国以民营经济为主导的经济改革深化造成了障碍，这种障碍的主要体现就是民营经济的融资困境。卢少辉（2005）指出金融抑制对中国企业融资产生了阻碍作用，从而制约了企业的发展。特别是对于实力弱小的中小企业，金融抑制是其融资困难的根本原因。余力和孙碧澄（2013）指出，利率管制、所有制歧视、资本市场严格准入等金融抑制政策导致民营企业的正规金融渠道狭窄，并提出提高基准利率、拓宽资本市场融资渠道和规范发展表外业务，有助于拉动民间企业固定资产投资，促进民营经济的增长。他们认为渐进式的利率市场化改革、优化社会融资结构和全面防范表外业务风险，是破解我国民营企业融资困境的现实选择。贺文华（2018）在浅析新常态下民营中小企业融资困境及融资方式中认为，在新常态背景下，可以通过扩展融资渠道、完善信用体系、构建信息共享平台、创新融资方式等破解民营中小企业的融资困境，从而实现经济社会的平衡和发展。

还有一部分学者认为银行与企业间的信息不对称是民营企业融资难的一个重要原因。奚君羊最早提出银行与中小企业之间存在信息不对称。樊纲（2000）进一步发现信息不对称是导致中小企业融资难的原因，同时他还认为决定金融服务业务发展的根本因素是信息及建立在信息基础上的信用。何洁在信息不对称下民营中小企业融资方式选择的博弈分析中，从博弈的角度论证了信息不对称的存在限制了民营中小企业的可选融资方式，增加了企业融资成本，提出了内源融资与民间借贷是民营中小企业可利用的高效融资方式。还有一些学者认为资本市场不完善是造成我国民营企业融资困难的重要原因，多数学者主张民营企业应主要依赖外源融资中的债务融资，他们特别注重商业银行尤其是中小银行的作用，在这就不一一列举了。

其次是发展环境不宽松、地位不平等问题影响着民营经济的发展。行业垄断行为的存在使民营企业不能平等地参与市场竞争，许多风险较低、收益较高的行业尚未对民营资本开放，并且民营企业在财税政策方面也受到区别对待，同时还面临许多不合理的"乱罚款、乱收费"问题，这些都极大地挫伤了民企民资发展的积极性。虽然宪法已明确规定保护民营企业的合法权益，但当这些企业的合法权益真正受到不法对待时，并不能真正像法律规定的那样受到完全的保护，此类纠纷往往被当作"民事纠纷"进行解决。刘勇（2009）、鞠炳尧和张忠慧（2014）认为，技术创新和产权保护不足也制约着民营经济的发展。除此之外，民营企业产业层次和价值分布低，经营类多、生产类少，尤其是工业类的企业较少，粗放型的企业较多，科技含量高的企业比较少等原因，也在一定程度上制约着民营企业的长远发展。

（三）民营经济发展的制度研究

在民营经济40多年的发展历程中，制度变迁、制度创新、政府制度供给或制度障碍等问题都影响着民营经济的发展。学术界对于制度的研究主要集中在三个方面：

一是制度与民营经济的关系。国外学者诺斯（1992）认为制度因素决定经济增长，制度变迁是经济增长的根本原因。国内大多数学者也认为制度创新对中国经济发展至关重要。邓宏图（2004）指出，科学合理的制度创新是民营经济发展的保证。刘怀山（2009）认为不同区域的民营经济之所以形成不同的发展模式，就是因为各地的制度不尽相同，不同的制度导致了不同的民营经济发展模式。由此充分肯定了制度创新对民营经济发展的重要作用。

二是民营经济发展的正式制度问题。钟丽丽（2006）、张宗和（2006）、高娜（2010）、薛著（2011）、王光花（2012）、李清亮（2012）等研究了民营经济的制度问题，主要侧重于民营经济的产权制度、市场准入。民营经济健康发展的关键是产权制度的创新，完善产权保护制度，依法、平等、全面保护民营企业产权和私人产权，就必须要细化产权保护的法律制度。民营企业在市场准入方面未受到公平待遇。政府应消除民营经济在市场准入方面的障碍，破除一些准入壁垒，降低门槛并放宽市场准入，允许有条件的民营资本进入，完善市场竞争环境。

三是民营经济发展的制度问题研究，主要包括正式制度和非正式制度。对民营经济起决定性的正式制度主要包括产权、市场准入和金融制度。影响民营经济发展的非正式制度主要有家族文化、政府职能、企业家精神等。杨海燕（2008）对我国民营经济纵向发展、横向发展差异和民营企业自身发展的非正式制度进行了分析，提出了淡化家族观念，建设企业文化等建议。此外，钟丽丽（2006）认为，应从培养意识形态、价值观念、习惯、市场意识以及转变政府职能等方面完善民营企业商会制度。李清亮（2012）认为，应从塑造企业家精神、建设企业文化等方面创新民营经济发展的非正式制度。不管是正式制度还是非正式制度都在一定程度上制约着民营企业的发展。为了更好地发展民营经济，王磊（2019）通过系统的文献研究，指出宏观经济制度对民营经济发展的重要影响，认为我国民营经济高质量发展存在产品质量和服务质量整体不高、整体创新力和竞争力不强、市场竞争环境不够公平等困境，并且还存在现代产权制度、市场准入和市场竞争制度等障碍，在非正式制度上还存在意识形态、社会认知偏见、企业家精神等障碍。他提出应在产权制度、市场准入和公平市场竞争制度、财税金融等方面进行制度创新，构建与高质量发展相适应的社会意识形态、消除社会认知歧视与偏见、激发保护企业家精神等非正式制度创新的创新意见，以此完善民营经济的制度体系。

（四）评述

随着民营经济的蓬勃发展，学术界对于民营经济的研究也日趋增多，针对经济增长问题、民营经济内涵界定及其地位和作用等的研究广泛，而且也取得了丰硕的研究成果。但是，这些研究或多或少都存在一些不足之处，对于区域经济的研究多以市为单位，对于地方经济的研究则很少。本书研究的是大兴区民营经济的发展状况，将在一定程度上弥补区域民营经济研究较少的缺陷。大兴区是北京民营企业的发展基地，它以深化改革为契机，围绕推动民营经济高质量发展这一主线发展民营经济。为此，大兴区政府提出"七位一体"的服务模式，即"开展一系列走访企业活动，设立一条服务热线，开设一个政策大讲堂，完善一个'定制版'服务包，培育一批非公党建示范单位和党员驿站，推出一批守法诚信承诺示范单位，建立一个政企对接长效机制"。通过创新"七位一体"服务模式，大兴区政府为民营企业提供了一个舒适的、具有帮助性的综合性服务平台，推动了民营经济高质量发展。

第二章　大兴区民营经济发展的总体状况

一、大兴区民营经济基本概况

(一) 企业法人单位基本概况

根据大兴区第四次全国经济普查资料，2018 年全区共有从事第二产业和第三产业活动的法人单位 49079 个，比 2013 年（第三次全国经济普查年份，下同）增长 59.2%；企业法人单位 45926 个，比 2013 年增长了 63.75%。其中，内资企业占 99.4%，内资企业中民营企业单位[①]44997 个，占全部企业法人单位的 97.98%，比 2013 年增长了 67.8%。2018 年民营企业中的私营企业

[①] 民营企业是指除国有企业、集体企业、国有资产控股企业和外商投资企业以外的所有企业，包括个人独资企业、合伙制企业、有限责任公司和股份有限公司。现今，民营企业多数是指私营企业。

42779 个，比 2013 年增长了 85.12%，占全部法人单位的 93.1%，所占比例比 2013 年增加了 10.71 个百分点，增长率为 85.12%，如表 2-1 所示。

表 2-1　按登记类型分组的企业法人单位　　　　　单位：个，%

	2013 年		2018 年		增长率
	企业法人单位	比重	企业法人单位	比重	
合计	28047	100	45926	100	63.75
内资企业	27802	99.13	45658	99.4	64.23
国有企业	193	0.69	102	0.2	-47.15
集体企业	595	2.12	548	1.2	-7.90
股份合作企业	639	2.28	272	0.6	-57.43
联营企业	37	0.13	11	—	-70.27
有限责任公司	2872	10.24	1842	4	-35.86
股份有限公司	195	0.7	104	0.2	-46.67
私营企业	23109	82.39	42779	93.1	85.12
其他	86	0.31	—	—	—
港澳台商投资企业	73	0.26	74	0.2	1.37
外商投资企业	172	0.61	195	0.4	13.37

资料来源：大兴区第三次、第四次全国经济普查主要数据公报。

（二）各行业私营企业法人单位基本概况

从表 2-1 可知，2018 年全区法人单位中内资企业有 45658 个，港澳台商投资和外商投资企业较少，只占 0.6%。在内资企业中，按所有制性质划分，私营企业占 93.1%，国有和集体性质的企业仅占 1.4%，这说明私营经济在市场经济中的主体地位越来越明显。私营企业数量从 2013 年的 23109 个增长到了 2018 年的 42779 个，增长了 19670 个，实现了大幅度增长。私营企业中按行业类分组，法人单位数量最多的是现代服务业，共计 18387 个，占私营企业的 42.98%，其次是批发和零售业 17022 个，占私营企业的 39.79%。其具体占比如图 2 - 1 所示。

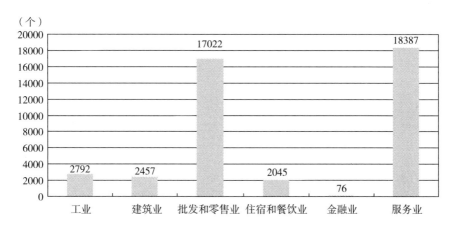

图 2 - 1　2018 年大兴区按行业分组的私营企业法人单位分布

（三）各行业私营企业主要经济指标

2018 年，全区法人单位资产总计 14722.9 亿元。其中私营企业资产总计 3932.55 亿元，占全区法人单位资产总计的 26.71%。

2018 年，全区法人单位营业收入 4305.2 亿元，其中私营企业营业收入 1824.88 亿元，占全区法人单位营业收入的 42.39%，如表 2 - 2 所示。

表 2 - 2　2018 年按行业分组的私营企业主要经济数据　　单位：亿元

行业	资产总计	营业收入
总计	3932.55	1824.88
工业	638.11	354.98
建筑业	356.96	226.66
批发业和零售业	854.57	829.63
住宿和餐饮业	17.12	18.11

续表

行业	资产总计	营业收入
交通运输、仓储和邮政业	151.26	104.18
信息传输、软件和信息技术服务业	66.74	23.25
金融业	164.80	2.80
房地产业	388.20	24.75
租赁和商务服务业	873.46	107.16
科学研究和技术服务业	197.41	74.46
水利、环境和公共设施管理业	145.78	20.91
居民服务、修理和其他服务业	25.32	18.97
教育	12.62	3.39
卫生和社会工作	6.10	5.76
文化、体育和娱乐业	34.10	9.87

资料来源：大兴区第四次全国经济普查数据。

在私人企业法人单位中，总资产主要集中在批发和零售业、租赁和商务服务业、工业以及房地产业四个行业，其占比分别为 21.73%、22.21%、16.23%、9.87%。其中总资产最多的是租赁和服务业，达 873.46 亿元，其次是批发和零售业，达 854.57 亿元。营业收入主要集中在批发和零售业、工业以及建筑业三个行业，其占比分别为 45.36%、19.45%、12.2%。其中占比最大的是批发和零售业，其次是工业。这些行业在营业收入中的占比与资产总计不符。

（四）各行业私营企业从业人员概况

2018 年，全区法人单位从业人员 517552 人，比 2013 年末增长 18.9%；其中女性从业人员 200792 人，占比 38.80%。民营企业从业人数 397425 人，占全区劳动就业人数的 76.79%，其中私营企业的从业人员有 279465 人，占全部从业人数的 54.00%。就业人员主要集中在以下四个行业：批发和零售业

65062 人，占 23.3%；工业 43703 人，占 15.6%；租赁和商务服务业 41109 人，占 14.7%；建筑业 38611 人，占 13.8%，如表 2-3 所示。

表 2-3 2018 年按行业分组的私营企业从业人数

行业	从业人员期末人数本期（人）	比重（%）
总计	279465	100
工业	43703	15.6
建筑业	38611	13.8
批发和零售业	65062	23.3
住宿和餐饮业	10685	3.8
交通运输、仓储和邮政业	15777	5.6
信息传输、软件和信息技术服务业	9384	3.4
房地产业	9614	3.4
租赁和商务服务业	41109	14.7
科学研究和技术服务业	18293	6.5
水利、环境和公共设施管理业	4442	1.6
居民服务、修理和其他服务业	12317	4.4
教育	4325	1.5
卫生和社会工作	1716	0.6
文化、体育和娱乐业	4427	1.6
公共管理、社会保障和社会组织	0	0

注：金融业从业人员缺失。
资料来源：大兴区第四次全国经济普查。

从表 2-3 所反映的数据可以看出：民营经济的持续发展为大兴区创造了大量的就业机会，而且就业规模在不断扩大，社会效益在不断地提高。2018 年，私营企业从业人员相比 2013 年增加了 82126 人，增长了 41.6%。其中工业（15.6%）、建筑业（13.8%）、批发和零售业（23.3%）以及租赁和商务服务业（14.7%）提供了较多的就业岗位，为解决大兴区就业做出了很大的贡献，这对于缓解全区就业压力起着很重要的作用。

二、大兴区民营经济产业结构及构成类型

产业结构是指农业、工业和服务业在一国或地区经济结构中各自所占的比重。随着民营经济的地位日益上升，民营资本在各个产业中的分布显得尤为重要，这直接关系到社会总资本在各个产业中的配置，影响着我国的经济结构。本节主要研究的是大兴区民营经济中第二产业和第三产业的产业结构及构成，其中第二产业主要包括工业和建筑业；第三产业包括服务业、金融业、批发和零售业以及住宿和餐饮业。

（一）民营经济产业结构分析

1. 大兴区民营经济总体产业结构分析

2018 年，大兴区实现地区生产总值 700.4 亿元，比上年增长了 7%。第一产业实现增加值 13.5 亿元，第二产业实现增加值 259.4 亿元，第三产业实现增加值 427.5 亿元。相比 2013 年，2018 年第二产业法人单位数量降低了 25.24%，但资产总计增加了 85.15%。第三产业法人单位相较 2013 年增加了 88.15%，资产总计增加了 146.29%。2018 年第三产业法人单位数是第二产业的 7.35 倍，具体情况如表 2-4 所示。

截至 2018 年底，全区从事第二产业、第三产业的私营户数共 42779 户，其中从事第二产业的私营企业 5249 户，从事第三产业的私营企业 37529 户，分别占全区企业法人单位总数的 11.43%、81.71%，第三产业企业法人单位是第二产业法人单位的 7.15 倍。相比 2013 年，2018 年从事第二产业的私营企业数量降低了 23.23%，而从事第三产业的私营企业数量增长了

130.62%，如表 2 - 5 所示。

表 2 - 4　大兴区第二产业、第三产业结构分析

	2013 年		2018 年		增长率（%）	
	法人单位 （个）	资产总计 （亿元）	法人单位 （个）	资产总计 （亿元）	法人单位 （个）	资产总计 （亿元）
第二产业	7862	1515.6	5878	2806.2	- 25.24	85.15
第三产业	22966	4838.4	43210	11916.7	88.15	146.29

资料来源：大兴区第三、第四次全国经济普查主要数据公报。

表 2 - 5　第二产业、第三产业私营企业法人单位　　　单位：户，%

	2013 年	2018 年	增长率
第二产业	6837	5249	- 23.23
第三产业	16273	37529	130.62

从表 2 - 4 和表 2 - 5 反映的数据可以得到如下分析：

（1）第二产业数量虽有所减少，但发展质量得到了提升。

受政策的影响，第二产业私营企业数量比 2013 年末减少了 1588 个。2018 年第二产业的私营企业数量占大兴区第二产业法人单位总量的 89.3%，而 2018 年全区第二产业法人单位数为 5878 个，比 2013 年少了 1984 个，但是资产总量却从 2013 年的 1515.6 亿元增加到了 2018 年的 2806.2 亿元，增长了 85.15%。2018 年为全面贯彻党的十九大精神和供给侧改革，大兴区根据首都新的城市战略定位和"高端化、服务化、集聚化、融合化、低碳化"的发展思路，充分发挥新区双重政策资源优势，坚持高端引领、进退并举、集约高效的发展理念，开展"疏整促"的专项行动，以落实减量发展要求。行动开展

以来，累计拆除历史违法建筑 1986 万平方米，"散乱污"企业保持动态清零，并疏解一般制造业、治理无证无照经营和"开墙打洞"，从而使第二产业企业数量有所减少，产业类型也从劳动密集型转变为技术密集型，发展取得了巨大成就，并且成功引进高端项目，如天科合达、智飞睿竹等 166 个产业项目，星昊药业等 9 个项目竣工，同仁堂大兴生产基地等 14 个项目投产，极智嘉、深度智耀等 20 个硬科技企业入区发展等，实现了产业发展质量和效益的显著提升。

（2）产业结构在不断地调整优化。

大兴区的三次产业结构不断地在调整，2017 年三次产业结构为 2.6 : 37.7 : 59.7，2018 年调整为 1.9 : 37.0 : 61.0，2019 年三次产业结构调整为 1.3 : 30.6 : 68.1。可见第一产业和第二产业所占比重在下降，而第三产业所占比重在上升，第三产业在大兴区整个经济中的地位逐渐提高。

从表 2-5 中可以看出，大兴区的第三产业在近几年飞速发展，相比 2013 年，2018 年第三产业私营企业法人单位数量增长了 130.62%，可见大兴区民营经济的产业结构也在不断调整优化。2020 年，大兴区不但明确了"以医药健康为主导产业，大力发展临空产业、科技服务业、新一代信息技术、新能源智能汽车等优势产业"的高精尖产业发展思路，而且深化了服务业扩大开发。其中，现代服务业发展壮大，占民营经济的 42.98%，宜家购物、鸿坤广场等一批高端商业项目在大兴区开业，京东商城、呷哺呷哺在境外上市；大兴区引入了中挪绿色创新中心等 12 个国际合作项目、促成了金财基金等 6 家金融企业的落户，并出台了一系列有利于产业发展的高精尖发展政策，这使大兴产业的影响力持续增强，产业结构不断地调整优化。

2. 大兴区第三产业中民营企业发展的总体状况分析

2018 年末，全区共有法人单位 45927 个，其中从事第三产业的私营企业有 37529 个，占该区全部法人单位数的 81.72%，所占比例比 2013 年增加

23.70 个百分点。其中从事第三产业的私营企业的具体情况如表 2 - 6 所示。

表 2 - 6　2018 年第三产业私营企业经济指标

	法人单位数 （个）	资产总计 （亿元）	营业收入 （亿元）	从业人员 （人）
服务业	18386	1857.51	436.3	121404
交通运输、仓储和邮政业	1710	151.3	104.2	15777
信息传输、软件和信息技术服务	1762	23.2	66.7	9384
房地产业	872	388.2	24.7	9614
租赁和商务服务业	5757	873.5	107.2	41109
科学研究和技术服务业	3423	197.4	74.5	18293
水利、环境和公共设施管理业	460	145.81	20.9	4442
居民服务、修理和其他服务业	2013	25.3	19	12317
教育	798	12.6	3.4	4325
卫生和社会工作	230	6.1	5.8	1716
文化、体育和娱乐业	1361	34.1	9.9	4427
住宿和餐饮业	2045	17.1	18.1	10685
批发和零售业	17022	854.6	829.6	65062
金融业	76	164.8	2.8	*
总计	37529	2894.01	1286.8	197151

注：＊代表数据缺失。

资料来源：大兴区第四次全国经济普查数据。

从表 2 - 6 的数据可分析出：从事第三产业的私营企业中，法人单位数最多的是批发和零售业，共计 17022 个，占第三产业私营企业的 45.36%，其次是租赁和商务服务业 5757 个，占第三产业私营企业的 15.34%，此后依次是科学研究和技术服务业、住宿和餐饮业。其具体占比如图 2 - 2 所示。

全区从事第三产业的私营企业中，法人单位从业人员为 197151 人，占全区私营企业总人数的 70.55%。其中提供较多就业岗位的是批发和零售业，共提供65062个岗位，占33.0%；其次是租赁和商务服务业（20.85%），科学研究和技术服务业（9.28%），交通运输、仓储和邮政业（8.0%）。从业人员分布图如图2-3所示。

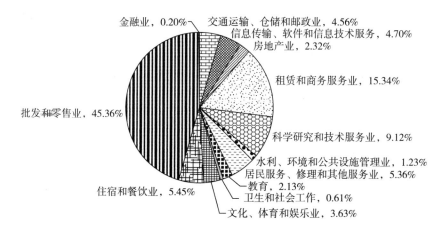

图 2-2 大兴区第三产业中各行业私营企业法人单位分布

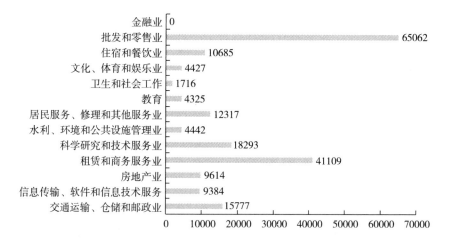

图 2-3 大兴区第三产业各行业私营企业从业人员分布情况

在第三产业私营企业法人单位中，总资产最多的是租赁和商务服务业，达873.5亿元，占大兴区第三产业私营企业总资产的30.18%，其次是批发和零售业、房地产业，分别占总资产的 29.53%、13.41%，具体占比如图 2-4 所示。

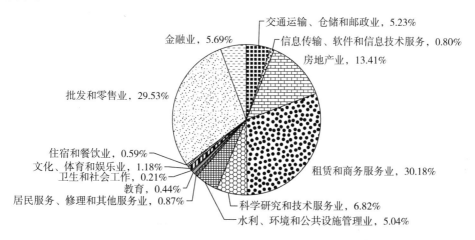

图2-4 大兴区第三产业各行业私营企业资产分布情况

从收入指标看，大兴区第三产业私营企业的营业收入约为 1243.35 亿元，占大兴区整个民营经济总收入的 68.13%。在第三产业私营企业收入总额中，批发和零售业所占比重最大，占比为 64.47%，其次是租赁和商务服务业以及交通运输、仓储和邮政业，分别占 8.33%、8.10%，具体情况如图 2-5 所示。

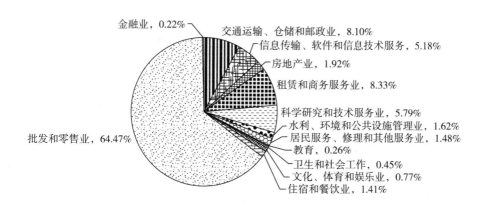

图2-5 大兴区第三产业各行业私营企业收入分布

3. 大兴区第三产业民营企业发展的基本特点

（1）第三产业发展迅速，但内部行业发展不平衡。

如表 2-5 所示，第三产业私营企业法人单位同比增长了 130.62%，但内部行业发展不平衡。其中，批发和零售业以及租赁和商务服务业所占份额较大，占第三产业全部私营企业法人单位的 60.7%，营业收入主要来源于这两个行业，而其他行业所占份额较小，第三产业内部的行业结构明显失衡。

（2）现代服务业发展迅速，第三产业因此加快发展。

大兴区 2018 年规模以上第三产业现代服务业实现收入 479.91 亿元，占总收入的 34.8%；实现利润 52.51 亿元，占总利润的 73.6%。其中房地产业利润下滑明显，同比下滑 38.4%，主要原因是房地产土地费用的减少。而租赁和商务服务业以及水利、环境和公共设施管理业同比增长 34.7%、45.3%，成了现代服务业利润增长最快的行业。现代服务业的快速发展加快了第三产业的发展，2018 年规模以上第三产业实现收入 1379.2 亿元，同比增长 4.5%；实现利润总额 71.35 亿元，同比增长 1.4%。其中私营企业实现收入 263.58 亿元，同比增长 0.6%。

（3）传统的三产行业发展稳定。

2018 年 1~12 月，全区规模以上第三产业中的批发和零售业实现收入 843.9 亿元，同比增长 10.4%；住宿和餐饮业实现收入 52.0 亿元，同比增长 25.6%；虽然交通运输、仓储和邮政的收入同比下降了，但是利润总额同比增长了 139.7%，这主要是由于北京大兴国际机场的兴建，大兴机场高速、轨道交通大兴机场线、京雄城际铁路等骨干交通网的开通加快了大兴交通运输业的发展。

（4）文化创意产业处在高质量发展中。

文化产业是大兴区第三产业的主要产业之一，也是大兴区重点发展的产业之一。2018 年 1~12 月，大兴区共有规模以上文化产业法人单位 68 家，实现收入 92 亿元，同比增长了 4.8%。收入排名前三位的是文化传播渠道、创意设计服务、新闻信息服务，其收入分别是 25.5 亿元、18 亿元和 14.8 亿元。为了加快大兴区文化创意产业高质量发展，北京市大兴区人民政府印发了《大兴区促进文化创意产业发展暂行办法》，并构建了"1 + N + X"文化产业政策体系，以加快构建文化创意产业"高精尖"产业结构。

（二）民营工业经济发展状况分析

2018 年末，规模以上私营企业单位 162 个，比 2017 年减少了 25 个，但亏损企业比 2017 年减少了 2 个。规模以上私营企业工业总产值 210.79 亿元，比 2017 年增长了 9.76%，呈缓慢增长的态势；贡献税金 0.82 亿元，比 2017 年降低了 14.58%（见表 2 - 7），主要是由于 2018 年 5 月起开始施行减税政策，将制造业等行业的增值税税率从 17% 降至 16%。

表 2 - 7 大兴区 2017 年和 2018 年规模以上工业私营企业概况

	2017 年	2018 年	增长率（%）
企业单位数（个）	187	162	- 13.37
亏损企业（个）	26	24	- 7.69
工业总产值（亿元）	192.04	210.79	9.76
税金及附加（亿元）	0.96	0.82	- 14.58

资料来源：2018 年和 2019 年《大兴区统计年鉴》。

从表 2 - 7 反映的数据可看出，大兴区的工业数量在减少，但工业总产值在稳定地增长。这主要是由于北京市坚持稳中求进的工作总基调，强调以供给侧改革为主线，不断提高发展质量和效益，并提出了"高精尖"的发展思路。大兴区开展的"疏整促"和针对"散乱污"企业的专项行动，通过"减量"优化了大兴发展空间，从而提升了发展质量。2018 年，大兴区从低端产业聚集的工业大院退出，转而聚焦高端产业，因此工业企业数量有所减少，但是工业产值稳定增长。

（三）民营建筑业发展状况分析

2018 年末，从事建筑业的私营企业有 2457 个，占大兴区建筑业企业总数量的 94.24%，从业人员 38611 人，占建筑就业人员的 73.47%，实现营业收入 226.7 亿元。其中规模以上建筑业中，私营企业有 173 个，实现营业收入 107.4 亿元，占建筑业私营企业的 47.38%。

在建筑业中，建筑业施工企业中私营企业有 165 个，较去年少了 95 个；而建筑业施工企业中私营企业总产值为 113.58 亿元，较去年上升了 44.24%，如表 2 - 8 所示。

表 2 - 8　建筑业施工企业中私营企业单位数与建筑业总产值

	建筑业施工企业 中私营企业单位数	建筑业施工 企业总产值（亿元）
2017 年	260	78.74
2018 年	165	113.58

资料来源：2018 年和 2019 年《大兴区统计年鉴》。

从表 2 - 8 中的数据可知，建筑业施工企业虽较去年有所减少，但建筑业总产值正在加速增长，企业经济效益也在增加，主要原因有：

1. 临空经济区建设的落地实施

目前，大兴区正在举全区之力，积极投身服务保障习近平总书记亲自决策、亲自推动的北京大兴国际机场建设，且大兴区政府启动了临空经济区建设，为建筑业带来了大好的机遇，并加快完成了京津冀协同发展的任务，如开通大兴机场高速、轨道交通大兴机场线、京雄城际铁路等骨干交通网，建设永兴河北路等城市路桥以及变电站、再生水厂、综合管廊等配套设施等。大兴国际机场的建设不仅给建筑业带来了机遇，也带动了整个大兴区的经济发展。目前，24家航企及关联企业已落区发展，并启动了噪声区回签安置房建设，解决了2067名本地人员的就业问题；自贸区大兴片区正式挂牌，政务服务中心对外运营，综合保税区（一期）基础设施和顺丰物流等5个项目具备开工建设条件，新城建设迈出了坚实的第一步。

2. "疏整促""散乱污"企业清零等政策的实施

"疏整促""散乱污"企业清零等政策的实施使建筑业的企业更加高精化，企业数量虽然较少，但高质量的发展带来了更高的效益。此类政策实施以来，累计查处历史违法建筑1986万平方米，腾退空间被用来提高生物医药基地容积率，增加万平方米建设规模指标，即增加产业用地，这在增加建筑业经济效益的同时也促进了工业的快速发展。

3. 城镇化建设进程正在加快

围绕构建新型城乡关系，大兴区以规划提升带动建设提质，结合北京市总体规划，大兴区加快了城镇交通网络体系建设，完善了施政公用设施网络体系，使城市配套设施和服务功能日趋完善，并加大了综配区投资建设力度，旧忠路改造、集贤地区拆迁等一批重点工程也在加快实施中。

（四）民营服务业发展状况分析

1. 民营服务业总体概况

服务业是大兴区经济发展的重要经济主体，2018年末服务业法人单位数22753个，占大兴区全部法人单位的49.54%。其中私营企业单位数18386个，占服务业的80.81%，实现营业收入393.9亿元，占整体服务业营业收入的56.74%。其中居行业首位的为租赁和商业服务业，共有5757个（见图2－6），占私营企业单位数的31.31%，实现营业收入107.16亿元；位居第二的是科学研究和技术服务业，占私营企业的18.62%，实现营业收入74.46亿元。

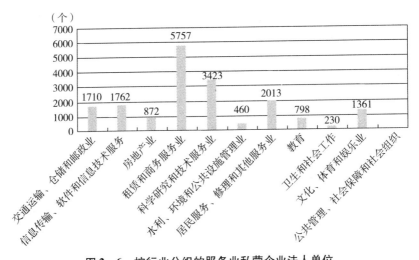

图 2 - 6 按行业分组的服务业私营企业法人单位

2. 民营服务业运行特点

（1）互联网的发展成为服务业发展的重要引擎。

互联网的发展为经济发展注入了很多新活力，推动着服务业的产业升级。线上线下的紧密融合，以及依托大数据、人工智能等技术的企业推动着传统服务业的转型升级。2018年，为推动电商产业聚集发展，北京电子商务中心挂牌成立，全市首家专业外贸大数据分析平台和跨境电子商务平台投入使用。截至2018年末，大兴区服务业实现信息化管理的私营企业有548家，占大兴区服务业总体信息化管理企业的54.15%。

（2）用心打造最优营商环境，深化服务业扩大发展。

随着供给侧结构性改革持续深入推进，服务业的营商环境在不断地改善。自中共中央提出"稳外资"政策以来，服务业利用外资结构不断地优化，并向高技术和现代服务领域倾斜。大兴区利用"稳外资"政策，深化服务业扩大发展，提高吸引利用外资能力，以打造全面开放型现代服务业发展的先行区。

其中信息传输软件和信息技术服务业、租赁和商务服务业、科技研究和技术服务发展快速。2018 年末，信息传输软件和信息技术服务业资产总计 159.9 亿元，比 2013 年末增长 82.0%，其中私营企业数量有 1762 个，资产总计 66.74 亿元，占总资产的 41.74%，实现营业收入 23.25 亿元；租赁和商务服务业法人单位资产总计 2774.9 亿元，比 2013 年末增长 153.8%，其中私营企业资产总计 873.46 亿元，占总资产的 31.48%，实现营业收入 107.16 亿元；科技研究和技术服务法人单位资产总计 530.9 亿元，比 2013 年末增长 195.3%，其中私营企业 3423 个，其资产总计 197.41 亿元，占总资产的 37.18%，实现营业收入 74.46 亿元。

（3）推出多项配套政策措施，推助服务业高质量发展。

2018 年，北京相继推出了多种配套政策和措施来支撑全市服务业高质量发展：在创新信息服务业方面，发布《北京工业互联网发展行动计划》，以此推动大批高精尖项目建设；在提升商务服务业竞争力方面，着力推动服务贸易政策创新，完成服务贸易公共服务平台建设，并成功举办第五届京交会；在推动文化产业方面，出台关于文化创意产业创新发展的意见；在提高生活性服务业便利方面，出台进一步促进便利店发展意见、加强蔬菜零售网点建设通知、进一步规范和促进家政服务业发展工作方案等文件。大兴区为深化服务业扩大开放，开通了 12345 市民热线企业服务功能，为 125 家企业量身定制"一企一策"综合服务包。大兴区还出台了鼓励高精尖发展政策，全年兑现"1 + N"政策资金 1 亿元，并加快聚集临空高端高新产业，争取更多航空公司、航线资源落户，提升航空服务。此外，大兴区还推动了运输物流龙头企业入区发展。

（4）"科技 +"现代服务产业大力发展

全区壮大新一代信息技术和科技服务业规模，进一步增强新媒体基地、西红门创业大街、北京电子商务中心品牌吸引力，并积极引入金融、设计、信息服务、数字创意等现代服务业，加快科技创新企业聚集。

总体来说，北京大兴区服务业保持了总体平稳、稳中有进的态势，经济结构不断优化，质量效益稳步提升。

（五）民营批发和零售业发展状况分析

2018 年末，批发和零售业企业单位总共 17815 个，从业人员 85425 人，分别比 2013 年末增长 82.4% 和 51.0%。其中私营企业 17022 个，占总体的 95.55%，资产总计 854.57 亿元，营业收入 829.63 亿元，贡献税金 1.88 亿元。

限额以上批发和零售业中私营企业有 117 家，占限额总体的 57.92%，比 2017 年降低了 8.55%，其资产总计 98.87 亿元，比 2017 年降低了 7.4%，营业收入 221.44 亿元，比 2017 年上涨了 18.05%，税金贡献 0.28 亿元，同比增长了 26.26%。

虽然限额以上的批发和零售业单位个数在减少，但是其发展质量在快速地提高，营业收入、税金贡献率在快速增长。这主要是因为互联网和电商的快速发展促进了民营经济批发和零售业的销售，据相关数据统计，2018 年限额以上批发和零售私营企业商品零售额为 2017 年的 99.7%。

（六）民营住宿和餐饮业发展状况分析

2018 年住宿和餐饮企业单位数 2122 个。其中私营企业 2045 个，占 96.37%，说明住宿和餐饮行业主要以民营经济为主；资产总计 17.12 亿元，营业收入 18.11 亿元，贡献税金 0.80 亿元。限额以上住宿和餐饮私营企业数 29 家，与上年相比没有变化，资产总计 24330 万元，同比上涨 15.98%，营业收入 42652 万元，同比上涨 5.18%，贡献税金 245 万元，同比下降 26.94%。具体如表 2 - 9 所示。

表2-9 限额以上住宿和餐饮私营企业 单位：万元

		企业单位数	资产总计	营业收入	税金及附加
2017 年	住宿	6	3448	9729	27
	餐饮	23	17529	30822	218
	总计	29	20977	40551	245
2018 年	住宿	6	3855	9973	20
	餐饮	23	20475	32679	159
	总计	29	24330	42652	179

　　由表2-9的数据可知，限额以上住宿和餐饮的单位数没有发生变化，但资产总计和营业收入都在稳定增长，其中餐饮业是住宿与餐饮业的经济主体，2018年资产同比增长15.98%，营业收入同比增长5.18%。

第三章 民营经济在大兴区经济发展中的地位与作用

一、民营经济在我国市场中的地位

改革开放 40 多年的历史，是民营经济崛起、发展和不断壮大的历史，是国有经济和民营经济在国民经济中共存的历史。在此期间，民营经济从无到有、从小到大、从弱到强，实现了从"拾遗补阙"到"必要的有益补充"，再到"社会主义市场经济重要组成部分"和"我国经济社会发展的重要基础"的历史性飞跃，其经济地位、政治地位、社会地位、法律地位都发生了深刻变化。

（一）政治地位

2018 年 11 月召开了民营企业座谈会，习近平总书记在这次具有里程碑历史意义的会议中发表了重要讲话。总体上，改革开放以来我国民营经济的重要地位及作用都得到了习近平总书记的充分肯定。他指出，我国民营经济已经成为推动我国发展不可或缺的力量，成为创业就业的主要领域、技术创新的重要主体、国家税收的重要来源，为我国社会主义市场经济发展、政府职能转变、农村富余劳动力转移、国际市场开拓等发挥了重要作用。

在公有制占主体地位的条件下，发展混合所有制经济是新形势下坚持"两个毫不动摇"的具体要求，也是实现"两个健康"发展的重要途径。推动国有资本和民营资本交叉持股，通过不同成分的资本取长补短，优化生产资料的市场配置，促进公有制和非公有制经济共同实现更加安全的高质量发展，是增强国民经济活力和效率的有效途径之一。所以，民营经济人士要运用好基本经济制度优势和重大创新成果，坚持统筹推进并积极适应土地、劳动力、资本、技术、数据等要素的市场化配置改革，聚焦高质量发展。

加快完善社会主义市场经济体制是我国经济由高速度增长向高质量发展阶段转变的必然选择。从提出到成为全局性的重大战略决策，这一决策经历了一个逐步深化、不断升级的发展过程。2017 年 10 月，习近平总书记在党的十九大报告中明确提出"加快完善社会主义市场经济体制"，并且着重指出"我国经济已由高速增长阶段转向高质量发展阶段，正处在转变发展方式、优化经济结构、转换增长动力的攻关期，建设现代化经济体系是跨越关口的迫切要求和我国发展的战略目标。必须坚持质量第一、效益优先，以供给侧结构性改革为主线，推动经济发展质量变革、效率变革、动力变革"。

（二）经济地位

从市场主体户数来看，截至 2019 年 11 月，我国个体工商户户数从 2012 年的 4059.27 万户增至 2019 年的 8162.5 万户，私营企业户数从 2012 年的 1085.72 万户增长至 2019 年的 3468.4 万户，全国个体私营从业人员达 4 亿人。全国市场主体实有注册户数从 2012 年的 5494.8 万户增长至 12191.4 万户。从吸纳就业人员数量来看，个体工商户吸纳就业人员数量从 1978 年的 14 万人增加到 2018 年 10 月的 15245.63 万人，增长了 1088.97 倍。私营企业吸纳就业人员数量从有统计数据的 1989 年的 164.01 万人增长到 2018 年 10 月的 21031.66 万人，增长了 128.23 倍。从资金数额来看，个体工商户注册资金数额从有统计数据的 1981 年的 4.6 亿元增加到 2018 年 10 月底的 62685.05 亿元，增长了 13627.18 倍。私营企业注册资金从 1989 年的 0.008 万亿元，增加到 2018 年 10 月底的 207.79 万亿元，增长了 25973.75 倍。数据显示，民营企业在稳定增长、促进创新、增加就业、改善民生等方面发挥了重要作用。民营企业贡献了 50% 以上的税收，60% 以上的国内生产总值，70% 以上的技术创新成果，80% 以上的城镇劳动就业，90% 以上的企业数量，已经成为推动中国发展不可或缺的力量，成为创业就业的主要领域、技术创新的重要主体、国家税收的重要来源，为中国社会主义市场经济发展、政府职能转变、农村富余劳动力转移、国际市场开拓等发挥了重要作用。

民营企业面对的压力前所未有。当前，以美国为代表的贸易保护主义、单边主义抬头，国际贸易和投资大幅萎缩，国际产业链、供应链受阻，许多东部沿海地区"两头在外"出口型民营企业面临空前的生存压力。新形势下民营企业面临着新的发展机遇。2020 年上半年全国新增减税降费 1.5 亿元，新增地方专项债 2.26 亿元，下半年还有 1 万亿元的减税降费目标空间，系列政策为民营企业对冲疫情影响提振了市场信心。2020 年 7 月我国出口同比增长 7.2%，贸易顺差达到 623.3 亿美元，出口同比创年内新高，对外经济展现积极信号。更重要的是，我国拥有巨大的发展韧性、潜力和回旋余地，14 亿多人口和 4 亿中产阶级的巨大消费潜力蕴藏着可观的发展空间，全球最完整的产业体系、丰富的人力资本、经济发展健康稳定的基本面、独特的制度优势都能够为民营经济发展长期向好提供切实的保障。

在世界 500 强企业中，我国民营企业由 2010 年的 1 家增加到 2018 年的 28

家。这说明新一代民营企业家正在继承和发扬老一辈人艰苦奋斗、敢闯敢干、聚焦实业、做精主业的精神，努力把企业做强做优，不断拓展国际视野，增强创新能力和核心竞争力，形成更多具有全球竞争力的世界一流企业。2020年世界银行评估中，我国营商环境排名提高到第31位，其中合同执行指标排名第5位，其中涉及的司法程序质量指数排名世界第1位，被誉为"全球最佳实践者"。2019年，我国人均GDP首次站上1万美元的新台阶，这一成绩证明了我国经济高质量发展的动力越来越强劲。

（三）社会地位

2020年全球经济陷入持续低迷，直接导致发达经济体经济萎缩6.1%，其中美国萎缩5.9%、欧元区萎缩7.5%、日本萎缩5.2%、英国萎缩6.5%。国际货币基金组织（IMF）预计2020年有超过170个国家出现人均收入负增长，唯独中国仍是主导世界经济健康运行的核心发动机。中国不断统筹疫情防控和经济社会发展，并取得显著成效，第二季度经济同比增长3.2%，惠誉、穆迪等机构近期纷纷上调中国经济增长预期，世界更加看重搭乘中国发展的快车。受新冠肺炎疫情的持续影响，全球经济深度衰退，欧美等主要央行竞相推行深度量化宽松政策。而后疫情时代还将面临疫情跌宕反复的危机，贸易摩擦持续进行、逆全球化危机和债务危机深度发酵，滞胀危机、中东及美俄等地的地缘政治危机等一系列新的风险点将集中爆发，国际经济与贸易市场的风险将面临大幅度反复波动，再叠加全球央行量化宽松货币政策等诸多因素的深度负面影响，全球主要经济体被深度拖累。

面对全球疫情肆虐和世界经济形势严峻的复杂局势，我国民营经济发展面临前所未有的挑战，但整体来看，我国经济发展的基础仍然坚实，经济总量排世界第二位；改革开放40多年来，我国货物进出口总额从206亿美元增长到超过4万亿美元，位居世界第一位；中等收入群体规模全球最大，而且市场容量巨大、市场主体庞大，我国还是当今世界唯一拥有全部工业门类的国家。2018 年《财富》世界 500 强企业中，中国企业上榜 120 家，数量上占全世界的 24%，虽然比美国（126 家）略少，但已远超第三位日本（52 家）。辩证地看，危机中孕育出了新的生机：新的发展动力更为强劲，新模式、新业态和新产品快速成长，危机的压力正在转化为转型升级和高质量发展的动力。从长远看，严重的危机冲击动摇不了中国长期稳定发展的坚实基础，虽然近期目标受影响，但中长期目标仍稳定落实。综合判断，天时、地利、人和均对我国有利，中国对战胜各种风险挑战有信心、有经验、有条件、有基础、更有能力，完成既定的目标任务虽有困难，但完全能够实现。

中华人民共和国成立 70 多年来的历史充分表明，党的领导是中国特色社会主义制度的最大优势，这一制度是当代中国发展进步的根本保证。现在和将来，民营企业只要坚持发挥中国共产党领导的政治优势和中国特色社会主义的制度优势，努力把制度优势更好地转化为促进经济发展的强大效能，深刻领会和把握"三个没有改变"的科学判断，坚定信心、保持定力，努力把各方面智慧和力量凝聚起来，形成心往一处想、劲往一处使的强大合力，就一定能战胜一切风险挑战，不断创造经济社会发展的新奇迹。

应对当前国际疫情持续蔓延，世界经济深度衰退、国际贸易和投资大幅萎缩、经济全球化遭遇逆流的新形势，党中央和习近平同志果断决策，在做好"六稳"工作、落实"六保"任务的基础上，及时部署以国内大循环为主体、国内国际双循环相互促进的新机制，这是今后一段时间我国经济破茧成蝶、实现高质量发展的关键一招。民营企业作为数量最大的市场主体，是稳预期、稳投资、保市场主体的核心单元，是稳就业的基础，是稳金融的重要对象和载体，是保产业链供应链稳定、稳外资、稳外贸的重要力量，在"双循环"战略中具有不可忽略的重要作用。

（四）法律地位

2020 年 5 月 18 日，中共中央、国务院印发了《关于新时代加快完善社会主义市场经济体制的意见》（以下简称《意见》），为在更高起点、更高层次、更高目标上推进经济体制改革及其他各方面体制改革，构建更加完备、更加成熟的高水平社会主义市场经济体进行了顶层设计和全面布局。《意见》高度重视民营经济的重要地位、市场力量和发展环境，更加强调坚持"两个毫不动摇"方针，强调构建市场主体尤其是民营企业公平竞争、转型升级发展的经济体制和制度环境，为民营经济高质量发展扫除了体制机制上的障碍。在我国防控新冠肺炎疫情取得重大战略成果、经济发展呈现稳中向好的关键时刻，2020 年 7 月 21 日，习近平总书记再次在企业家座谈会上发表重要讲话，提出"打造市场化、法治化、国际化营商环境。要实施好民法典和相关法律法规，依法平等保护国有、民营、外资等各种所有制企业产权和自主经营权，完善各类市场主体公平竞争的法治环境"。这充分表明，党中央支持民营经济高质量发展的目标举措越来越坚定明确，持续深入开展民营经济理论创新、制度创新、法治创新、人文创新的力度越来越大。

司法层面，我国精准落实《中华人民共和国民法典》，纠正长期以来对民营企业存在的各种偏见，着力解决国有与民营同等保护中一些长期未解决好的问题；深入落实《最高人民法院、国家发展和改革委员会关于为新时代加快完善社会主义市场经济体制提供司法服务和保障的意见》，坚持健全产权保护制度，促进更高水平的公平正义，完善市场主体司法保护机制，加强产权司法保护，推动公平公正、竞争有序的市场体系建设，夯实市场经济有效运行的制度基础，营造适应经济高质量发展的法治化营商环境，重点完善立法保护、规范执法司法、优化法治机制、改善政府职能、深化混合所有制改革及加强知识产权保护等方面的法治措施，形成一整套具有社会主义特色、公平公正的新型法治制度体系，为保障和促进民营经济实现规模、速度、质量、结构、效益、安全相统一的高质量发展夯实法治和制度基础。

二、民营经济在大兴区经济发展中的地位

自改革开放以来，我国的民营经济不断发展壮大，已成为推动我国经济发展不可或缺的坚实力量。民营经济是推进供给侧结构性改革、推动经济高质量发展、建设现代化经济体系的重要主体；是中国改革的"晴雨表"，改革每向前一步都是对民营经济的再松绑，都会迎来民营经济的大发展。目前大兴区的民营经济发展向好，未来民营经济占比也将继续上升，大兴区能取得诸多成就，民营经济功不可没。

截至2018年，全区共有各类市场主体45927户，其中私营企业42779户，占全部市场主体的93.15%，如图3-1所示。数据表明，民营经济发展日渐活跃，且主体规模的扩大将会为全区民营经济持续、快速发展提供有力的保障。

具体来说，民营经济在大兴区经济发展中的主体地位主要体现在以下三个方面：

（一）助力发展多层次资本市场

民营经济在一定程度上深化了金融供给侧结构性改革，疏通了货币政策传导渠道，创新了货币政策工具和机制，进一步提高了金融服务实体经济的能力和意愿；同时，大力发展民营经济，助力发展多层次资本市场，从而提高直接融资特别是股权融资比重，拓宽了民营和小微企业的融资渠道。

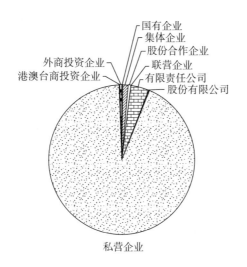

图 3-1 各类市场主体占比

市、区和社会资金基金共同建立总规模超过 350 亿元的纾困"资金池"，支持上市企业开展股权融资。鼓励北京地区符合条件的平台和机构，在沪深交易所发行纾困专项债，支持民营企业进行债券融资。针对民营企业融资难问题，扩大市级融资担保基金到 100 亿元，设立小微企业金融综合服务平台，设立 70 亿元的再贴现额度专项支持民营和小微企业，继续用好 300 亿元的常备借贷便利额度。在国家规定幅度内把法定税率降到最低水平，2018 年新增减税约 400 亿元。

北京市科技创新基金拥有母基金规模 300 亿元，专注于原始创新领域和创新早期投资，支持民营企业深耕硬科技、黑科技、深科技。

北京的民营企业总体发展态势良好，不论实力、活力，还是创新力、引领力与辐射力都很强。基础设施、生态环保、医疗、养老、旅游、便民商业等领域的 60 多个项目向民间资本公开推介，总投资超过 1000 亿元。

（二）培育新的经济增长点，推动经济高质量发展

大兴区拥有国家新媒体产业基地、北京生物工程与医药产业基地、亦庄经济开发区等多个创新产业园区，其涵盖了文创、生物医药、人工智能等高新产业，在大兴区形成了全面化产业集群。民营企业作为大兴区的主力军，更是在经济发展中培育了大兴区新的经济增长点，尤其是高新技术企业。

截至 2018 年，大兴区高新技术企业已经达到 408 家，其中大多数为民营企业。2018 年大兴区高新技术制造业的工业总产值为 2017 年的 110.04%。此外，《北京新机场临空经济区规划（2016—2020 年）》已正式获批，总投资将超过 2000 亿元，预计新机场临空经济区将带来 10.26 万个区域岗位。而在规划正式获批前，大兴区已同步开展了临空经济区北京部分的城市设计相关工作，临空经济区将给大兴区带来高新技术产业和大量的人口。

高新技术企业的受重视程度使大兴区的发展更加顺利，作为科技创新的主力军，民营经济不断散发着企业活力，促进了全区经济向更高质量发展。

（三）经济效益显著高于国有企业

以大兴区两家上市公司为例（见表 3-1），中航电子属于国有控股企业，而中石伟业属于民营企业，两家公司均在 20 世纪初左右成立，经过十多年的发展，中石伟业的经济效益显然高于中航电子。2016 年以来的供给侧结构性改革使国有企业普遍向好，资产收益率（ROA）和净资产收益率（ROE）显著回升，而民营企业受环保督察、融资收紧等因素冲击，ROA 和 ROE 明显回落。即便如此，从上述两家企业的例子可以看出，民营企业的经济效益高于国有企业。大兴区民营企业的突出成果在未来也将吸引更多的投资和助力，民营企业的地位不言而喻。

表 3-1 大兴区企业经济效益对比　　　　　单位:%

	毛利率	销售净利率	资产净利率
中航电子	29.68	6.31	2.23
中石伟业	36.63	18.50	15.61

三、民营经济对大兴区经济发展的作用

民营经济的发展是北京市大兴区经济发展必不可少的力量，在大兴区的经济发展和社会进步中起到了十分重要的作用。具体来说可分为以下几点：

（一）促进了大兴区的经济增长，为财政收入做出了重要贡献

新中国成立以来，大兴区民营经济从无到有，从小到大。由政府限制发展，到提倡和鼓励发展，再到今天的大力发展，我们可以看出民营经济的作用越来越重要。民营企业在全区企业的快速发展充分证明了它是经济增长的重要经济成分。从生产效率看，2018 年 1～11 月，北京市规模以上工业企业劳动生产率为 44.8 万元/人，同比提高 5 万元/人。从能源利用效率看，2018 年，规模以上工业单位增加值能耗下降 2.5%；能源清洁化程度不断提高，天然气和电力占规模以上工业能源消费的比重超过七成，同比提高 3 个百分点。其中大兴区民营工业企业在 2018 年实现工业总产值 579.3 亿元，占大兴区工业企业生产总值的 70.16%；营业收入 827.9 亿元，占全部营业收入的 68.9%；上交税费总额 31.3 亿元，占全部税费总额的 80.8%（见表 3-2）。民营服务业企业在 2018 年实现营业收入 608.93 亿元，占大兴区服务业营业收入的 87.7%。

表3-2　民营工业企业发展情况

	金额（亿元）	比重（%）
工业总产值	579.3	70.16
营业收入	827.9	68.9
上缴税费	31.3	80.8

如表3-2所示，大兴区民营企业发展迅速，民营经济对促进大兴区经济发展起到了重要影响。民营经济经过近几年的飞速发展，其在大兴区的经济地位越来越重要，是大兴区经济新的重要增长点。大兴区民营经济的发展为地方财政收入做出了巨大贡献。

（二）提高了资源配置效率，优化了所有制结构，促进了国民经济协调发展

国有企业作为一种生产经营组织形式，同时具有商业性和公益性的特点，其商业性体现为追求国有资产的保值和增值，其公益性体现为国有企业通常是为了实现国家调节经济的目标而设立的，起着调和国民经济各个方面发展的作用。由于国有企业要承担某些社会责任，它不可能仅仅按照利润最大化目标参与市场竞争，还需要在某个节点解决经济结构失衡的问题。我们要提高国有经济的控制力来提高国有经济在所有制中的地位和作用，而不是单单地提高国有企业在全部经济中的比重。为了实现资源的合理有效配置，有效适应社会主义市场经济的要求，提高国有资产营运效率，必须从战略上调整国有经济布局。国有经济要逐步退出竞争性行业。民营经济的快速发展大大推动了大兴区国有企业的改革，促进了所有制结构的调整。

2018年大兴区国有企业102个，占大兴区企业数量的0.2%，工业总产值14.03亿元，占总量的1.7%。国有企业利润总额4.1亿元，占总量的6.9%。在公共管理、社会保障和社会组织行业中，独立核算国有企业营业收入235.2

亿元，占大兴区公共管理、社会保障和社会组织行业营业收入的97.25%。但是由于民营经济的迅速发展，大兴区民营经济在国民经济的许多行业都具有很强的竞争力，2018年民营经济在许多行业的固定资产投入已经超过国有经济，尤其在竞争性较强的工业领域，民营经济的固定资产净值已经达到214.1亿元，占总量的97.56%，这使得大兴区国有企业抓大放小、提高效率的改革得以顺利进行。2018年大兴区规模以上工业企业306个，其中私营企业162个，其中亏损的企业有24个，亏损总额3.71亿元。大兴区规模以上国有工业企业8个，其中亏损的企业有1个，亏损总额0.14亿元，占总量的0.85%。从以上主要经济指标的对比情况我们可以看出，国有工业企业的改革已经初见成效，尤其在关系国计民生的基础工业，国有工业企业资本投入增加，控制力增强。国有企业固定资产净值为41.04亿元，占总量的26.5%；工业总产值25.55亿元，占总量的3.1%；利润总额4.6亿元，占总量的6.6%。国有经济固定资产净值所占比重很大，但工业总产值和工业增加值及利润比重却并不理想，所以要刺激民营经济的发展为大兴区国有经济退出竞争性行业创造条件，使国有经济在基础工业的控制力得以提高，推动国有资本更多投向关系国家安全和国民经济命脉的重要行业和关键领域，不断增强国有经济活力、控制力、影响力。

民营经济是创造就业、创新发展、贡献税收的重要源泉，是社会主义市场经济的重要组成部分。从"个体户"到创业创新者，民营经济人士一向不怕苦、敢为先；从"承包制""股份制"到"合伙制""共享经济"，民营经济为中国的新经济发展带来无限活力和想象力。因此大兴区要发挥"市场之手"的作用，更好地发挥政府作用，通过减税降费、精准滴灌、畅通循环，激发市场主体活力，助力民营经济人士顺利越过市场、融资和转型的"山丘"。

（三）加快了大兴区工业化进程，完善了产业结构和市场经济运行质量

民营经济在高新技术产业和服务业的迅速发展，促进了大兴区产业结构的调整和升级进程。随着经济的发展，劳动力会由第一产业向第二产业转移，当经济水平有了进一步的提高时，劳动力便向第三产业转移。劳动力在产业间的分布状况如下：第一产业将减少，第二产业和第三产业将增加。大兴区民营经济的发展为劳动力在产业之间的转移提供了有利的条件。2018 年末，全区第二产业和第三产业法人单位从业人员 51.76 万人，比 2013 年末增长 18.9%；第二产业 13.90 万人，比 2013 年末下降 23.9%，在总从业人员中的占比为26.9%，比 2013 年末降低 15.1 个百分点。第三产业 37.86 万人，比 2013 年末增长 49.8%，在总从业人员中的占比为 73.1%，比 2013 年末提高 15.1 个百分点。在产业结构进行梯度转移的同时，大兴区工业结构也在不断升级，实现了由资本密集型到知识技术密集型的转变。大兴区民营经济在高新技术产业和服务业的迅速发展使得我区产业结构不断升级，2013 年大兴区三个产业结构的产值比重为 2.6%、37%、59%，2018 年调整为 1.9%、37%、61%。

民营经济的发展让大兴区产业结构调整和工业化进程更加迅速。随着计算机、互联网等高新技术产业的快速发展，一部分有着较为雄厚资本的民营经济积极进入高新技术市场。例如，北京大兴国际机场推动了 5G、自动驾驶等应用场景的建设。2019 年，大兴区紧紧围绕科技创新引领区的功能定位，注重加强区域创新实力培育，推动发展建设各类研发中心 124 家，以及九州 e 巢客、金蜜蜂文创等孵化器和众创空间 53 家。截至 2019 年末，大兴区国家级高新技术企业已达 830 家，输出技术合同 2210 项，成交额 337.6 亿元，比上年增长 26.8%。民营科技企业不仅创收越来越高，企业整体素质也稳步提高。平均每户注册资本金的增加和雇佣劳动力人数的减少意味着民营企业的资本构成不断提高，民营企业的经济增长方式由原来的劳动密集型逐渐向技术密集型

转变，企业的技术装备得到了提高。

民营科技企业不仅是民营经济的重要组成部分，也是市场经济发展的重要组成部分。根据统计，2018 年末，在第二产业和第三产业法人单位中，第二产业 5249 个，比 2013 年末的 6837 个减少 23.23%；第三产业 37529 个，比 2013 年末的 16273 个增长 130.62%。

（四）带动了居民收入增长，促进了生态环境保护

大兴区在"调结构、转方式"的总体战略部署下，全力推动农业转型升级，加快推进结构调整，促进大兴区农业向标准化、规模化方向发展。在占地面积减少的情况下，提升种植效率和亩产收益成为促进全区设施农业良性发展的新方向。大兴区蔬菜播种面积居全市第一。近年来，大兴区设施播种面积受到拆迁、土地流转等因素影响连年下降，2019 年全区设施蔬菜播种面积为 12.8 万亩，从与全市其他区县的横向比较来看，2019 年大兴区设施蔬菜播种面积仍处于全市第一，占北京市设施农业播种面积的近三成。根据大兴区第四次全国经济普查主要数据公报的内容来看，按行业分组的法人单位中农、林、牧、渔业的法人单位仅有 40 个，比重为 0.1%。第一产业中的民营企业数量虽然不多，但是产值却相当高。从 2019 年国民经济和社会发展统计公报中可以看到，农、林、牧、渔业的总产值为 27.7 亿元，占整个大兴区生产总值的 1.3%。其中农业产值 16.2 亿元，林业产值 9.4 亿元，牧业产值 1.7 亿元。截至 2019 年末，全区农业观光园一共 54 个，年接待 90.1 万人次，观光园实现总收入 1.1 亿元。民俗旅游年接待 37.3 万人次，实现总收入 0.1 亿元。2018年，北京市规模以上工业增加值按可比价格计算，比上年增长 4.6%。其中，高技术制造业和战略性新兴产业增加值（二者有交叉）分别增长 13.9% 和 7.8%。重点行业中，医药制造业增长 16.2%，计算机、通信和其他电子设备制造业增长 15.2%，电力、热力生产和供应业增长 12.2%，汽车制造业下

降 5.8%。

农业持续转型升级，工业生产增长稳定，服务业稳中向好，市场消费较快增长，投资结构不断优化，民生持续改善。科技服务业和文体娱乐业新设企业88716 家，合计占新设企业的 48.4%。农业不仅能提供农产品、为从业人员带来经济收益，还能在一定程度上带来新鲜的空气、干净的水源和优美的景观等生态资源。随着科技的进步，运用相关的生态知识去建设生态环境，可以实现高品质、高产出和高效的生态循环。按照绿色和有机标准生产，民营企业成为推动京郊农业绿色发展和提高管控能力的重要经营主体。

大兴区自 2009 年开始创建全国绿色食品（西瓜）标准化生产基地，基地主要涵盖庞各庄、榆垡、北臧村、魏善庄 4 个镇，面积 2187 公顷。在西瓜种植基地内，半数种植户的西瓜收入占家庭收入的 60%，高于蔬菜种植效益。到现在为止，经过十余年的种植和培训，西瓜种植户对绿色安全生产理念已经了然于心。在社会各方面的支持下，西瓜产量不断提升，品质明显提高，产业技术进步明显。并且涌现出了一批优秀的、绿色化的民营企业，最具有代表性的就是乐平西瓜。

乐平西瓜在 2017 年获得了绿色食品证书，并带动了区域内其他企业进行绿色化生产。如今乐平御瓜园已经带动了周边 15 个西瓜生产专业村、3000 多户农民的生产和销售。农业企业紧跟政府，推进精品农业，借助地理优势积极参与国际性会展，加入传统节庆活动平台。大兴区也重点跟进观光休闲农业发展，建设绿色生态环境，并打造了一批优秀的乡村旅游景观、基地和线路；通过原有的"大兴西瓜节""春华秋实"等节庆旅游活动不断扩大影响力和知名度；开展了与阿里巴巴集团的智慧农业对接会，达成了线上平台销售及线下盒马鲜生销售的合作意向。

（五）民营企业创新水平不断提高

坚持创新驱动发展、构建"高精尖"产业结构是高质量、可持续发展的必由之路。"高精尖"产业是北京"高精尖"经济结构的重要组成部分，是高端引领、创新驱动、绿色低碳产业发展模式的重要载体。截至 2018 年底，北京市实有"高精尖"产业企业 59.55 万户，占全市实有企业总量的 38.3%，占比较上年同期提高 4.9 个百分点。从日均新登记企业来看，2018 年全市日均新登记"高精尖"产业企业 292.77 户。2011 年以来，北京创新驱动发展指数连续 7 年稳步提升，创新驱动效果进一步显现。从创新投入看，1～11 月，大中型重点企业研发（R&D）经费支出 523.8 亿元，同比增长 16.2%，增速比上年同期提高 4.8 个百分点。从创新产出看，1～11 月，大中型重点企业拥有有效发明专利 7.1 万件，增长 38.5%，同比提高 16.1 个百分点。如表 3-3 所示，大兴区专利申请 13245 件，较去年同比增长 19.45%。其中，发明专利申请 5351 件，占申请总量的 40.4%，同比增长 29.15%；实用新型专利申请 6240 件；外观设计专利申请 1654 件。专利授权 7798 件，较去年同比增长 33.73%。其中，发明专利授权 1547 件，占授权总量的 19.83%，同比增长 24.15%；实用新型专利授权 5076 件；外观设计专利授权 1175 件。以企业为申请主体的专利申请 11843 件，占全区申请总量的 89.41%；专利授权 7054 件，占全区专利授权总量的 90.46%。有效发明专利拥有量 8559 件，同比增长 27.55%。其中，以企业为主体的有效发明专利拥有量 7771 件，占总量 90.79%。专利合作条约（PCT）国际专利申请 371 件，同比增长 96.29%，位列全市第三位。

如表 3-3 所示，大兴区民营企业坚持创新驱动经济发展，与 2017 年相比，2018 年专利申请数与授权数均有增长，而且授权数增长幅度较高，这也说明了大兴区民营企业重视创新。

表 3-3   大兴区专利申请与授权数   单位：件，%

	2017 年	2018 年	增长率
专利申请数	11088	13245	19.45
专利授权数	5831	7798	33.73

（六）加快了大兴区市场化进程，完善了大兴区市场体系

民营经济促进了大兴区市场经济结构的完善，成为推动大兴区市场经济发展不可缺少的力量。民营经济又被称为"草根经济"。从萌芽到如今的壮大，民营经济已经形成了强大的经济实力，与市场经济难分彼此。民营经济和市场经济的相互促进体现在：

民营经济的壮大促进了市场经济的发育。作为新的市场主体，民营经济的重要特征就是面向市场、自主经营、自负盈亏、自觉遵守市场规则，以市场为导向开展企业活动。大兴区国有单位工业企业 19 个，从业人员 741 人次，国有独资公司 6 个，从业人员 666 人次，而私营单位工业企业则有 2792 个，从业人员达到 43703 人次。这说明大部分的民营企业已经适应了市场的竞争，成为了市场经济的主体，而有些国有企业不能适应市场的优胜劣汰。由此我们可以得出结论，民营经济对于市场变化的灵敏度要高于国有经济。随着民营经济的深入发展，其相对应的市场也会更加成熟。

随着民营经济的快速发展，民营经济迫切要求更完善的市场体系和更良好的市场环境，具体表现为：对劳动力的要求更高，需要更多的高层次劳动力，要求金融市场进一步地对民营经济开放，要求政府对其重新定位，也要求政府加强民营经济的规范管理并提供更好的服务职能。这些要求都将为民营经济的发展提供更广阔的市场空间和更加完善的市场环境。

对于民营经济的地位和作用，我们必须坚持"两个毫不动摇"，对待公有

制经济，我们的态度是"毫不动摇巩固和发展"；对待非公有制经济，我们的态度是"毫不动摇鼓励、支持、引导"；各种所有制经济，无论是在使用生产要素还是参与市场竞争方面，都应依法受到平等对待和保护。另一个就是"三个没有变"，这就是说，无论是地位也好、作用也罢，抑或是针对非公有制经济的方针政策，国家的态度一直都没有变。改革开放以来，我国民营经济在党的方针政策指引下发展迅猛，无论是国有经济还是民营经济，两者相辅相成，缺一不可，因此我国民营经济"只能壮大、不能弱化"，在今后还要走向更加广阔的历史舞台。

民营经济要实现高质量发展就要致力于创新驱动，这涵盖了产业、科技、制度、管理各个方面。民营经济在生产效率方面有着较高的创新效率，从微观视角来看，民营经济也具有较高的资源配置效率。民营企业由于经历了市场的洗礼和考验，对产品和技术的创新有着较高的敏感度，因而民营经济往往在创新领域具有很强的意愿，这就需要进一步引导，推动民营企业不断增强创新能力，以创新驱动实现转型升级，并以此带动创新型国家建设。同时，民营经济必须培育发展新动能，不断提升发展的质量效益。此外，在推动民营经济进一步发展的过程中，要注重绿色发展，避免对生态环境的破坏，健全和完善我国生态补偿制度，使民营经济发展具有可持续性。民营经济的发展离不开较好的发展环境，只有在有利于自身发展的环境中进行哺育，民营经济才会健康茁壮成长。

2020年政府工作报告也指出，要通过公正监管来维护公平竞争，进一步持续打造一个市场化、法治化、国际化的营商环境。要做到这些，就必须保障民营企业能够平等地获取各项生产要素以及政策的大力支持，尤其应当注意清理废除那些与企业性质挂钩的不合理规定，从而实现公平竞争。而且还应加大减税降费力度。在政策上需要鼓励金融机构加大对民营企业的扶持，此次新冠肺炎疫情更加说明了扶持民营企业的重要性。在此次抗疫过程中，民营企业发挥了巨大作用。从我国突发事件应对体系相关的医疗、抗灾物资、生活保障、物流等行业的产能来看，民营企业是许多行业的产能主体。此次新冠肺炎疫情期间，不少民营企业通过"新零售"变革向综合服务转型升级，这种转型本身也是供给转型，升级了供给模式；从经济体系看，必须实现结构转型和动能转换，这就要求民营企业尤其是实体经济领域的民营企业不断推出新产品，提升消费结构和消费水平。

纵观民营经济40多年的发展轨迹，勇于突破旧框框，大胆闯、大胆试，是解放思想、实事求是的一条重要经验。基于这个前提，在生存和利益的双重激励下，蕴藏在民众中的巨大积极性和创造性被焕发出来，并转化成了促进经济发展的强大动力。尤其是党的十八大以来，国家经济发展的平稳态势和良好环境，为民营企业发展提供了有力支点，创造了更加广阔的发展空间和舞台。以习近平同志为核心的党中央着力推进改革发展，"放管服"改革和商事登记制度改革深入推进，激发了市场活力，为"大众创业、万众创新"打开了广阔的大门，个体私营经济、小微企业呈现出"井喷"式发展态势。进入新时代后，中国经济发展模式日益走向成熟。近年来，习近平总书记发表的一系列重要讲话，标志着中国共产党在中国经济发展道路问题上逐渐走向成熟。在实践中，中国经济发展模式已经以其独有的特色屹立于世界之林，为世界提供了中国智慧与中国方案。

第四章　大兴区民营经济
发展趋势预测

随着首都新空间发展战略的确立，大兴区确定了七个中心集群和四个生态旅游区空间发展战略的新模式。北京市大兴区和北京经济技术开发区"十三五"时期商业发展规划于 2017 年正式发布。规划立足发展实际，以民生为本，以建设现代品质商业服务体系为目标，致力于商业服务业的模式创新和内涵式发展，通过五年建设，将进一步夯实新区商业服务业产业基础，提升服务品质，为城乡居民创造更为安全、便利、舒适的生活服务环境。2019 年大兴区实现地区生产总值 907.6 亿元，按可比价格计算，比上年增长 6.5%。其中，第一产业实现增加值 12.1 亿元，比上年下降 13.0%；第二产业实现增加值 277.2 亿元，比上年增长 3.2%；第三产业实现增加值 618.3 亿元，比上年增长 8.5%。三次产业构成为 1.3∶30.6∶68.1。北京大兴国际机场正式投运，大兴机场高速、京雄城际铁路和轨道交通大兴机场线同步开通，永兴河北路等城市路桥建成通车，新航城东西区再生水厂、大礼路和青礼路综合管廊按时通水通廊。临空经济区总体规划正式获批，自贸区大兴国际机场片区正式挂牌，综合保税区（一期）全面开工，国际会展中心、国际健康中心、国际消费枢纽、综合保税区等首批招商项目正式对外发布，临空经济区规划建设实质性启动，新国门建设迈出了坚实的第一步。大兴区第三产业在生产总值中占据半壁江山，民营经济在其中同样拥有着重要地位。本章通过对比大兴区 2017～2019 年民营经济第三产业的发展，运用合适的经济预测方法，分析了大兴区民营经济的未来发展。

一、大兴区民营企业经济发展的预测分析

北京城市总体规划赋予了大兴区全新的功能定位：面向京津冀的协同发展示范区、科技创新引领区、首都国际交往新门户、城乡发展深化改革先行区。大兴区民营经济在 2017～2019 年保持了比较稳定的发展速度，假定接下来几年也按此趋势快速发展，我们可以利用大兴区规模以上第三产业民营法人单位指标数据，采用指数趋势拟合曲线作为预测方程来预测大兴区未来五年的民营服务业发展状况。

经过计算，大兴区规模以上第三产业民营法人单位收入的指数趋势拟合曲线为：

$$y = 228.61e^{0.0657x}$$

经检验，该拟合方程中回归系数均显著，整体回归方程显著，拟合优度系数为 $R^2 = 0.9801$，拟合效果较好，如图 4-1 所示。因此可以采用该方程对大兴区未来五年规模以上第三产业民营法人单位的收入进行预测。

同理，大兴区规模以上第三产业民营法人单位利润的线性趋势拟合线为：

$$y = 2.42x - 1.51$$

经检验，该拟合方程中回归系数均显著，整体回归方程显著，拟合优度系

数为 $R^2 = 0.831$，拟合效果较好，如图 4-2 所示。因此可以采用该方程对未来五年大兴区规模以上第三产业民营法人单位的利润做出预测。

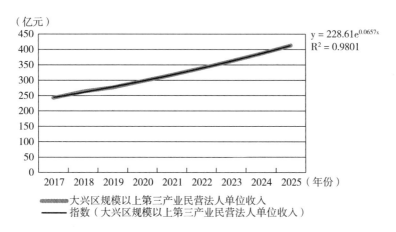

图4-1 大兴区规模以上第三产业民营法人单位收入预测拟合图

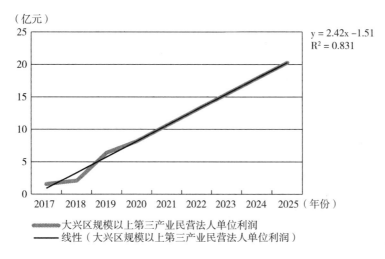

图4-2 大兴区规模以上第三产业民营经济法人单位利润预测拟合图

依据 2017~2019 年大兴区民营经济发展的趋势进行预测，到 2025 年，大兴区规模以上第三产业民营法人单位收入预计可以达到 412.95 亿元，大兴区规模以上第三产业民营法人单位利润将突破 20.27 亿元，如表 4-1 所示。大

兴区规模以上第三产业民营法人单位收入年均增长 8.4%。大兴区规模以上第
三产业民营法人单位利润年均增长 23%。

表 4-1　大兴区规模以上第三产业民营经济法人单位收入和利润预测

单位：亿元

年份	规模以上第三产业民营经济法人单位收入	规模以上第三产业民营经济法人单位利润
2017	242.83	1.54
2018	263.57	2.07
2019	276.95	6.38
2020	297.32	8.17
2021	317.54	10.59
2022	339.11	13.01
2023	362.13	15.43
2024	386.67	17.85
2025	412.95	20.27

同理，大兴区规模以上第三产业民营法人单位从业人员的指数趋势拟合曲
线为：

$$y = 2.0113e^{0.1103x}$$

经检验，该拟合方程中回归系数均显著，整体回归方程显著，拟合优度系
数为 $R^2 = 0.8359$，拟合效果较好，如图 4-3 所示。因此，可以采用该方程对
大兴区未来五年规模以上第三产业民营法人单位的从业人数进行预测。

依据 2017~2019 年大兴区规模以上第三产业民营法人单位从业人数趋势
进行预测，到 2025 年，大兴区规模以上第三产业民营法人单位从业人数预计
可以达到 5.43 万人，如表 4-2 所示。大兴区规模以上第三产业民营法人单位
从业人数年均增长 15.8%。

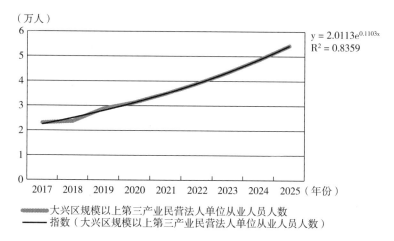

图 4 - 3　大兴区规模以上第三产业民营经济法人单位从业人数预测拟合图

表 4 - 2　大兴区规模以上第三产业民营经济法人单位就业人数预测

单位：万人

年份	大兴区规模以上第三产业民营经济法人单位从业人员人数
2017	2.31
2018	2.37
2019	2.88
2020	3.13
2021	3.49
2022	3.90
2023	4.35
2024	4.86
2025	5.43

　　根据大兴区近几年来整体发展的经济趋势，结合大兴区政府这几年来的积极推动和有效落实的经济政策，大兴区各企业也积极参与大兴区的建设，特别是大兴机场的诞生会让大兴区的服务业需求市场更加庞大。由此可以预见大兴区的经济将会持续高速发展，大兴区经济的各项数据指标也会持续提高。同样，第三产业也必将获得更好的发展，民营企业置身其中，应当积极参与大兴

区建设，积极发展企业第三产业的建设项目，紧跟大兴区良好的经济趋势，不断壮大自身，站稳市场。

二、大兴区民营经济发展的影响因素分析

在发展民营经济的同时，不仅要解决就业等实际问题，增加地方财政收入，还要进一步增强大兴区在全国各地新一轮经济发展中的竞争力，实现长期、快速、可持续发展。此外，还必须认识到民营经济对大兴区长远发展的战略意义，并采取相应的措施，促进民营经济的发展。关于民营经济发展的影响因素，学术界做了大量研究。有的从企业自身角度来研究，有的从企业外部环境，如政府政策、金融制度等方面来论述。本部分主要从民营企业竞争力、民营企业家自身素质、人才获取、突发事件（新冠肺炎疫情）等方面来进行叙述。

（一）民营企业的创新意识不强

民营企业在竞争过程中，不仅要比较价格，还要比较创新价值。2019 年大兴区人民政府印发了《大兴区推进大众创业万众创新的实施办法》，创新双创载体管理和服务模式，支持科技企业孵化器、众创空间建设。支持科技创新服务平台建设。强化知识产权保障。鼓励金融服务创新创业，鼓励创新创业人才集聚发展。创新意识已成为衡量民营企业竞争力的最基本指标。无论从事哪个行业，无论企业规模大小，只有不断创新才能确保企业在市场中占有一席之地。

（二）民营企业家的整体素质不高

由于部分民营企业家知识水平较差，学历层次偏低，管理方式较为滞后，这严重制约了民营经济的增长。因此，提升民营企业家的整体素质，对于学习实践科学发展观，促进全区经济社会持续、稳定、健康发展具有十分重要的意义。

（三）民营企业人才较为短缺

21世纪民营企业竞争最为激烈的就是对于相关领域人才的获取，民营企业的核心内容也是由相关领域人才所构建起来的。针对目前人力资源对人才保障力度不够的问题，政府需要为其提供必要的保护措施，从而加快人才的流通，以便促进民营企业顺利发展。大兴区应围绕"人才强区"战略，创新人力资源工作机制。准确把握产业发展对各类人才的实际需求，有效运用各类人才服务政策，建立扩大就业与人才服务相结合、技能培训与人才培养相结合的工作机制，在满足各类产业人才需求的同时，最大限度地促进本地区的劳动力就业。围绕区域功能定位，建立劳动力储备机制。着眼北京大兴国际机场等重大项目用工需求，有效整合各类院校、培训机构、职业中介机构等优质社会资源，建立起人力资源供给、管理、培训和服务相结合的劳动力储备机制。坚持实施积极的就业政策，促进劳动力多渠道就业。制定和实施城乡统筹的促进就业政策，着力提升劳动力就业能力和创业能力，充分发挥行业主管部门、产业园区、社会组织和用人单位的促进就业作用，创造更多就业和创业机会。大兴区政府机构在采取人力资源保护措施之前还需要对民营企业的人才需求量进行了解，并及时向民众公布该领域人员就业的基本信息资料。这样有助于更好地掌握民营企业的人才需求。

第五章　促进大兴区民营经济高质量发展的政策建议

　　大兴区民营经济虽然目前发展势头较好，但仍然存在一些需要解决的问题，具体体现在以下四个方面：第一，绿色发展意识不足。大兴区民营企业在大兴的经济市场建设中发挥着十分重要的作用。然而，民营企业本身在企业制度、治理结构、经营方式、自身素质等方面仍有许多不足，盲目竞争、破坏环境、资源利用率低下和发展不可持续等问题广泛存在。第二，新产业发展力度不足。大兴区民营企业涉足医药行业、科技服务业、新智能汽车等优势高尖精产业的数量较为稀少，无法形成组团发展的良好模式。第三，对旅游行业扶持力度不足。民营企业已经占据旅游行业的半数，并且大兴区旅游行业在乡村复兴、新型城镇化等战略中有着不可替代的作用，但是政府仍对旅游行业抱着"放羊式"的心态，扶持力度虚弱。第四，产业转型尚显不足。民营企业在这个快速发展的时代，要顺应产业演进规律，加快淘汰落后产能，改进生产工艺和流程，向高端产业布局和转型。针对以上四点，课题分别从宏观层面与微观层面提出了若干政策建议。

一、宏观层面

（一）营造有利于促进民营企业公平竞争的市场环境

全面清理市场准入负面清单之外违规设立的准入许可和隐性门槛，不得对民营企业设置准入附加条件。建立清理隐性门槛的长效机制，在教育、文化、体育、医疗、养老等社会领域加大清理力度。破除招投标隐性壁垒，不得对具备相应资质条件的企业设置与业务能力无关的企业规模门槛和明显超过招投标项目要求的业绩门槛。清理与企业性质挂钩的行业准入、资质标准、产业补贴等规定。畅通市场化退出渠道，完善企业破产清算和重整制度，提高注销便利度。

支持民营企业参与交通、水利、市政公用事业等领域的投资运营，参与老旧小区、商业区改造等城市更新项目。鼓励和引导民营企业积极参与新一代信息技术等高精尖产业集群建设，参与北京大兴新国际机场等重点项目建设。

规范行政执法行为，推动跨部门联合监管，细化量化行政处罚标准。加强信用监督，进一步规范失信联合惩戒对象纳入的标准和程序，建立完善信用修复机制和异议机制，规范信用核查和联合惩戒。

（二）营造有利于激发民营企业生机活力的经济环境

落实优化金融信贷营商环境的政策措施，解决民营企业续贷难、贷款难问题。协调银行业金融机构开展无形资产抵押贷款业务，探索拓宽轻资产企业融资渠道。完善民营企业增信支持和金融服务体系，利用好区级融资担保基金，开展民营和小微企业金融服务综合改革试点，试点期内对试点企业进行资金扶持。积极培育投资于民营科创企业的天使投资、风险投资等早期投资力量。

全面落实国家及市级各项惠及民营企业的减税降费政策，创新产业用地供地方式，新增产业用地通过弹性年期、先租后让、租让结合等多种供应方式，切实控制和降低用地成本。有效盘活闲置土地、厂房资源，为民营企业提供更多低成本发展空间。降低企业制度性交易成本，持续推动减事项、减材料、减时间、减跑动，推动全区政务服务改革。疫情期间加大对民营企业在纾困、融资和用工等方面的支持力度，引导民营企业用好用足援企稳岗政策、阶段性社保费减免政策、公积金缓缴政策。在疫情期间，小微企业发挥出了重要作用。大兴区应帮助小微企业渡过难关，出台对企业的支持政策文件，对疫情中遇到困难的企业和个人给予税收优惠。对承租大兴区国有企业的经营性房产（包括开发区和产业园区、创业基地及科技企业孵化器等）从事生产经营活动的中小企业，先免收部分租金。

（三）营造保护民营企业合法权益的平等公正的法治环境

中共中央总书记、国家主席、中央军委主席习近平在民营企业座谈会强调，公有制为主体、多种所有制经济共同发展的基本经济制度，是中国特色社会主义制度的重要组成部分，也是完善社会主义市场经济体制的必然要求。非公有制经济在我国经济社会发展中的地位和作用没有变，我们毫不动摇鼓励、支持、引导非公有制经济发展的方针政策没有变。在全面建成小康社会、进而全面建设社会主义现代化国家的新征程中，我国民营经济只能壮大、不能弱化。我国基本经济制度已被写入了宪法、党章，这是不会变的，也是不能变的。任何否定、怀疑、动摇我国基本经济制度的言行都不符合党和国家的方针政策。大兴区政府更要把构建亲清新型政商关系的要求落到实处，把支持民营企业发展作为一项重要任务，规范政府行为，保持政府行为的连续性、稳定性和一致性。建立政府诚信履约机制，依法履行在招商引资、政府与社会资本合作等活动中与民营企业依法签订的各类合同。建立政府失信责任追溯和承担机制，对造成政府严重失约行为的主要责任人和直接责任人依法依规追究责任。建立解决清理和防止拖欠账款长效机制，通过审计监察和信用体系建设，对拖欠民营企业款项的责任人依法严肃问责。建立涉政府产权纠纷治理的长效机制。

加强对民营企业和企业家合法财产的保护，依法保护民营企业的创新创业行为，对民营企业经营者在正当生产、经营、融资活动中发生的失误，不违反刑法及相关规定的，不得以犯罪论处。准确认定经济纠纷和经济犯罪的性质，严禁刑事执法介入经济纠纷。加强知识产权审批领域改革创新，落实知识产权侵权惩罚性赔偿制度。严格规范司法行为，依法慎重并严格按照法定程序使用查封、扣押、冻结等强制性措施，条件允许情况下可为企业预留必要的流动资金和往来账户。

健全民营企业产权保护社会化服务体系，发挥工商业联合会、行业协会商会、律师事务所在保护民营企业合法权益方面的作用，优化区级民营企业维权服务平台，完善诉调对接机制。支持建立民营企业律师服务团等公益性法律服务组织，开展线上线下法律服务。

二、微观层面

（一）依托大兴国际机场，推动大兴临空经济区民营企业发展

机场投运，大兴腾飞。2019 年习近平总书记亲自决策、推动的北京大兴

国际机场竣工，大兴区积极配合、保障大兴国际机场的基础设施建设。大兴区成为了国家发展新动力源的先行者、京津冀协同发展的增长极。民营经济也为大兴国际机场的建设做出了贡献。大兴区启动临空经济区建设，统筹规划落地实施，制订临空经济区建设发展三年行动计划，自贸区大兴片区正式挂牌。综合保税区和顺丰物流等多个项目具备开工条件。大兴机场临空经济区总面积约150平方千米，共包括服务保障区、航空物流区和科技创新区三个功能片区。航空物流区重点承载航空物流、电子商务、综合保税、国际会展、航企服务等功能；科技创新区重点承载航空导向的研发创新、科技孵化、高端制造、科技金融等功能；服务保障区重点承载航空科教、特色金融、休闲娱乐、科技创新服务等功能。

大兴区应该以更加开放的姿态，大力加快临空产业、服务产业的发展。争取更多航空服务、运输物流等龙头企业入区发展。加速金融、电商、生物医药等产业聚集。加强协同发展，依托航空枢纽助推医药健康主导产业，推动临空区与经开区、生物医药基地、廊坊片区经济联动发展。

（二）持续增强高精尖集聚效应

坚持"以医药健康为主导产业，大力发展临空产业、科技服务业、新一代信息技术、新能源智能汽车等优势产业"的高精尖产业发展思路。坚持组团发展新布局，优化中关村大兴园政策覆盖范围，启动生物医药基地8.4平方千米扩区吸引民营企业进入园区基地。开创"人人招商"新局面。2019年大兴区天科合达、智飞睿竹等166个产业项目落地，星昊药业等9个项目竣工，同仁堂大兴生产基地等14个项目投产，极智嘉、深度智耀等20家科技企业入区发展。在此基础上需要继续完善投资促进体系，建立全民招商工作机制。加速打造孵化器及众创空间，用心打造优良营商环境。出台鼓励高精尖发展政策，努力做好企业上市和融资服务。

（三）加大大兴区民营旅游企业扶持力度

随着新型城镇化、乡村振兴、文化复兴等国家战略的启动，旅游业在其中发挥着积极的支撑和转化作用。市场需求和政策驱动两方加持，充分释放了民营企业的潜能。民营企业已经占据大兴区旅游总规模的半壁江山，成为带动大兴区旅游经济发展的中坚力量。但大兴区依然存在民营旅游企业扶持力度弱的现象。大兴区应该努力打造公平、透明、便捷的营商环境，加大民营旅游企业的减税力度，改进融资服务，在招投标、用地等方面予以优惠政策。

响应"大众创业、万众创新"号召及相关政策，吸引中小微企业和个体"创客"进入大兴区乡村民宿、特色餐饮、文化商铺、广告策划、文创研发、私人订制游、电商经营等创意产业领域，进一步激活民间资本，不断优化优待民营旅游企业的举措。同时，建立完善高效的监管机制，以可持续的政策环境为民营旅游企业的发展保驾护航。

（四）推动民营企业守法守信、提升经营管理水平

推动民营企业守法合规经营，督促民营企业依法经营、依法治企、依法维权，认真履行环境保护、安全生产等社会责任，严格落实疫情防控责任。引导民营企业重信誉、守信用、讲信义，自觉强化信用管理，及时进行信息披露。鼓励民营企业参与对口支援和帮扶工作，积极参与社会公益与慈善事业。

引导民营企业提高经营管理水平，完善内部激励约束机制，加快建立治理结构合理、股东行为规范、运行高效灵活的现代企业制度。鼓励民营企业立足首都"四个中心"功能建设和大兴区产业功能定位，聚焦主业加快转型升级，因地制宜优化产业链布局。引导有实力的民营企业做优做强，鼓励中小民营企业"专精特新"发展。指导民营企业设立党组织，提升民营企业党组织和工作的覆盖质量。

（五）鼓励民营企业开展各类创新活动，提高自主研发水平

鼓励民营企业开展原始创新、产品创新、技术创新、商业模式创新、管理创新和制度创新。鼓励民营企业独立或联合承担国家和省市自治区各类科研和技术攻关项目，开展关键技术攻关和自主研发活动，加快疫情防控关键技术和药品科研攻关。支持民营企业申请发明专利和国际专利。鼓励民营企业参与人工智能、区块链、前沿材料、5G 等新技术新产品新模式在 2022 年北京冬奥会和冬残奥会、北京城市副中心、北京大兴新国际机场等国家和本市重大项目的应用场景建设。

（六）支持民营企业开拓国际和区域市场

支持民营企业积极加入京津冀协同发展，参与区域间产业发展、项目建设以及联盟合作，推动区域市场一体化建设。引导民营企业参与国家供应链创新与应用试点，与京外民营企业一起创新发展，利用首都创新资源禀赋完善创新链，发展京津冀地区市场。积极参与国家"一带一路"建设，通过积极参加展会、开展境外品牌和知识产权认证等方式开拓国际市场，充分运用跨境电商等贸易新方式扩宽销售渠道。

第二部分
北京市大兴区经济发展
新动能培育成效研究*

---

* 课题顾问：隗国；课题负责人：王关义；课题组成员：刘寿先、白志楠、陈宇晴、王怡羽、汤启晖、付姗姗。

第六章　经济发展新动能的基本内涵与概念界定

一、新动能提出的背景

改革开放以来，我国经济得到快速发展，生产力水平得到极大提升，但从结构来看，我国的供给能力多集中在传统产业，满足的多是低质量、中低端的需求，无效产能过剩和有效供给不足导致了供给侧结构不平衡，市场中的"供需错配"、供给侧与需求侧结构性矛盾日益凸显。

随着我国经济步入新常态，当前经济形势面临"三个转变"，即增长速度要由高速增长转为中高速增长；发展方式要从规模速度型转向质量效益型，经济结构调整要从增量扩能为主转向调整存量、做优增量并举；发展动力要从主要依靠资源和低成本劳动力等要素投入转向创新驱动。

2015年中央经济工作会议指出，要更加注重供给侧结构性改革，抓好去产能、去库存、去杠杆、降成本、补短板五大任务。2016年中央经济工作会议进一步提出要以供给侧结构性改革为主线，继续深化供给侧结构性改革。2016 年以来，"三去一降一补"的供给侧结构性改革取得了比较显著的进展，为重塑传统产业的动能发挥了重要的作用。

供给侧结构性改革的本质是市场化经济体制改革的进一步深化，是用改革的方法来消除供给侧所存在的制度性障碍，从而增强供给侧对需求变化的适应性。解决供给侧结构性矛盾的着眼点就是要减少无效和低端供给，淘汰过剩产能，提高供给质量，其实现途径就是要转换旧动能，培育新动能，从而提供新的经济增长点。

二、经济发展新动能的内涵

（一）新动能的含义

"动能"是一个源于物理学的概念，指物体由于运动而具有的能量。经济发展新动能则是新动力作用于经济运行而产生的前进动力，通常是指在新一轮科技革命和产业变革背景下，由技术创新推动产业结构升级的以新产业、新业态、新模式为特征的，以知识、技术、信息、数据等新生产要素为支撑的，引领经济社会发展的新动力。

新动能泛指那些通过加大技术创新、人力资本、制度改革等要素的投入，逐渐形成新业态和商业模式，从而推动经济增长的新的动力和能量。"新动能"不是新产业，传统产业也不是"旧动能"，新动能与产业门类没有必然的关系。换言之，新旧动能转换不是用新产业代替传统产业，也不是对原有工程或项目的重新包装，而是在旧动能体系中转换和挖掘新动能，使旧动能焕发生机。

2017 年 1 月，国务院办公厅印发的《关于创新管理优化服务培育壮大经济发展新动能加快新旧动能接续转换的意见》对新动能的内涵做出权威定义，认为新动能具备以下特点：以技术创新为引领，以新技术、新产业、新业态、新模式为核心，以知识、技术、信息、数据等新生产要素为支撑，呈现技术更迭快、业态多元化、产业融合化、组织网络化、发展个性化、要素成果分享化等新特征。

（二）新动能的内容

新动能内涵丰富，但概括起来可以分为以下几个方面的内容：

1. 创新驱动动能

创新是驱动一国经济增长的核心要素。党的十九大报告明确提出："创新是引领发展的第一动力，是建设现代化经济体系的战略支撑"，新动能应以创新为引领。所谓创新驱动动能是指创新成为推动经济增长的主动力，创新驱动是依托于技术创新、制度创新和服务创新的经济发展动能。

第一，技术创新动能。技术创新是培育发展新动能的源泉，是改造和提升传统动能的关键。技术进步必需的资本投入带来的经济增长动能，可视为创新发生的资本基础。前沿和颠覆性技术的创立，能够促进生产方式、产业形态和商业模式的革新，从而促进传统产业升级和高技术产业发展，催生一系列战略性新兴产业，甚至孕育出新的经济模式，形成新的经济增长点。当前，科技革命和产业革命日益融合，只有通过科技创新，才能提升产业层次、推动产业转型升级、推动经济发展方式转变（孙宪香，2018）。

第二，制度创新动能。制度创新是创新驱动促进培育新动能的重要保障。制度经济学认为，制度决定人的行为和资源配置，进而影响经济绩效。制度创新对技术创新具有推动作用和保障作用。加快培育新动能，提高经济综合发展水平，需要能够起到激励、引导、保护创新作用的体制机制。

第三，服务创新动能。从经济学角度看，服务创新是指通过非物质制造手段增加有形或无形"产品"的附加价值的经济活动。这种活动在信息产业表现得尤为突出。信息技术的飞速发展使得产品技术和功能的同质化水平越来越高，通过提高产品质量、降低产品成本来竞争的空间越来越狭窄，因而服务成为企业进行市场竞争的重要武器。

第四，人才创新动能。技术创新的突破离不开基础理论研究和应用研究。基础理论研究和应用研究需要人才，所以技术竞争的根本是人才的竞争。科技创新能力取决于人才，人才创新是科技创新的关键和活力之源，要用好、吸引、培养人才，要用好科学家、科技人员和企业家，激发他们的创新热情。培育新动能要关注创新型人才的培养，把人才开发放在优先位置上，加强创新型人才队伍建设。

2. 转型升级动能

改革开放初期到 20 世纪 90 年代亚洲金融危机前夕，市场供需关系整体呈现出需求膨胀和供给不足的经济失衡状况，彼时经济增长的动力来源于改革开放，以此释放供给潜力，从而达到供需平衡；从 20 世纪 90 年代末的亚洲金融危机到 2008 年的全球金融危机，这一时期我国市场需求疲软、供给相对过剩，这一状况成为制约当时经济发展的主要因素。为促进经济增长，我国实施了扩大内需的发展战略，释放制造业产能，强化基础设施建设；新时代我国经济发展进入新常态，经济失衡主要体现在无效供给过剩和有效需求无法得到有效满足上，即经济失衡从原来的供需总量失衡转为结构性失衡，主要表现为实体经济供需结构错配和金融业、房地产业与实体经济的失衡。随着信息技术等迅猛发展，由于对经济增长的拉动作用日益削弱，传统产业亟待转型升级，需要依靠改革创新和调整结构来培育新动能，促进新旧动能转换，从而推动经济实现高质量发展。通过调整市场总供给和总需求的结构，才能孕育出经济发展的新动能。转型升级中有如下新功能：

第一，基于消费升级拉动内需的动能。随着居民收入的上升、生活水平的提高而产生的消费升级型动能，即非食品类消费支出产生的内需动能可归为新动能。

第二，产业结构转型升级过程中的多因素动能，比如知识、信息、数据等要素。在数字经济时代，大数据成为经济发展新的要素，如何把分布在各行各业的数据汇聚起来，整理加工成能够演变为数据产品的商品，从而为生产和生活服务，成为整个数字经济的核心。

（三）新动能的主要特征

李佐军（2017）认为可以从旧动能的不良表现中提炼出新动能的应有特征。他指出新动能就是以质量效益型目标导向、创新型主体支撑、可持续制度引领、新兴高端产业发展、高级要素配置为特征的新制度、新要素和新市场，并认为经济增长新动能可以从生产函数中导出，生产要素的大规模投入属于旧动能，而全要素生产率则属于经济增长新动能的范畴。概括起来，新动能有以下几个主要特征：

第一，新动能来自旧动能的转换和新经济的培育。新动能既可以是新经济的发展壮大，也可以是传统产业的改造提升。培育新动能的这两种途径相辅相成、有机统一，不可偏废，构成了经济增长的"双引擎"（李德荃，2019）。新旧动能转换是新动能对旧动能的"扬弃"式改造发展过程，传统产业提升需要过程，新兴产业培育需要环境支撑，政府应顺势推动，避免"硬摊派""一刀切"。

第二，采用消费和技术驱动的集约型"内循环"经济增长模式。为了实现经济的可持续增长，需要培育以创新为核心的新增长动力，不断提升经济增长的质量和效益。新动能培育的重点是以创新为引领，以消费和技术为驱动。

第三，培育新动能是一个长期性、系统性的工作。当前，战略性新兴产业等新动能发展较快，但支撑带动作用不足，旧动能在相当长一段时间内仍将是经济增长的重要动力源，传统产业是产业转型升级的主战场，因此创新是引领发展的第一动力，必须利用创新重构经济增长的动力机制。

三、新动能对经济发展的作用机理

（一）技术创新对经济发展的作用机理

技术进步对经济发展起着至关重要的作用，技术创新能够通过提高全要素生产率来促进经济发展。当外部环境一定时，经济增长主要依靠生产要素的投入和技术进步来提高全要素生产率，从而推动经济快速发展。当前，自然资源的有限性和人口红利的逐渐消失，使技术创新对经济增长的作用日益显著。传统产业与新兴产业的交替实际上是依靠技术进步改造旧动能和培育新动能，调整产业结构，促进经济可持续发展（李光红、彭伟华，2018）。因此要加快实施创新驱动发展战略，加大技术研发投入力度，攻克技术发展瓶颈和难关，再用新技术大力改造传统产业，积极培育新的增长动力，最终实现经济质量和效益的提升（孙丽文等，2019）。

（二）制度创新对经济发展的作用机理

首先，制度通过确保创新者的创新收益促进创新活动；其次，创新活动本身具有诸多的不确定性，制度可以减弱这种不确定性，确保创新的收益，从而调动起创新的积极性和主动性；最后，制度可以提供创新活动所需要的各种技术规范、章程、框架以及行为与活动的准则等，从而使创新的实现具有行为度量的标准，为创新活动的达成创造条件（孔宪香，2018）。

（三）服务创新对经济发展的作用机理

服务创新是升级传统产能的动力源泉之一。尽管传统产能相对成熟且拥有较大的市场份额，但随着全球化进程的推进和互联网经济的快速发展，市场竞争激烈，消费者需求也发生了很大的变化，更加注重个性化和多样化。因此，在拉动需求和经济发展中，必须要提高服务创新水平，从而改变市场需求结构，促进经济高质量发展。

第七章 北京市大兴区新动能经济发展现状分析

一、北京市大兴区产业发展概况

北京市大兴区地处北京南郊，素有"京南门户"之称，拥有较为完整的工业产业体系和农业发展基础。自 2018 年围绕首都"四个中心"建设推行经济发展新政策以来，大兴区在改善人居环境、推进大兴国际机场建设、构建高精尖产业体系、提升城乡建设水平、巩固生态环境建设成果等方面成效显著。2019 年，伴随着大兴国际机场通航、临空经济区建设，大兴区经济发展迎来新的经济增长。如表 7-1 所示，2019 年大兴区地区生产总值 907.6亿元，比上年增长 6.5%，经济总量跨上新台阶。其中，第一产业实现增加值12.1 亿元，比上年下降 13.0%；第二产业实现增加值 277.2 亿元，比上年增长 3.2%；第三产业实现增加值 618.3 亿元，比上年增长 8.5%；三次产业构成为 1.3 ：30.6 ：68.1。[①]

表 7 - 1　北京市大兴区 2019 年地区生产总值

指标	绝对量（亿元）	增长率（%）	比重（%）
地区生产总值	907.6	6.5	100.0
按产业分			
第一产业	12.1	-13.0	1.3
第二产业	277.2	3.2	30.6
第三产业	618.3	8.5	68.1
按行业分			
农、林、牧、渔业	12.2	-13.5	1.3
工业	191.9	0.7	21.1
建筑业	86.1	9.3	9.5
批发和零售业	51.4	-3.6	5.7
交通运输、仓储和邮政业	20.2	-1.5	2.2
住宿和餐饮业	8.4	2.0	0.9
金融业	84.0	21.7	9.3
房地产	117.2	10.8	12.9
其他服务业	336.1	7.8	37.0

资料来源：《大兴区 2019 年国民经济和社会发展统计公报》。

2019 年，大兴区第三产业实现增加值高于地区生产总值增速 2.0 个百分点，占地区生产总值比重较上年提高 1.4 个百分点，对大兴区经济总量增长的贡献率达 87.9%。由此可见，大兴区产业结构得到一定的优化，经济发展稳中有进，综合实力不断提高。面对新旧动能转换和加速培育发展新动能的要

[①]　资料来源：《大兴区 2019 年国民经济和社会发展统计公报》。

求，大兴区经济发展的产业结构、营商环境、市场主体等要素都有了新的变化。

（一）第一产业

2019 年，大兴区农林牧渔业总产值实现 27.7 亿元，比上年下降 12.5%，其中农业产值 16.2 亿元，比上年下降 10.4%；林业产值 9.4 亿元，比上年增长 3.8%；牧业产值 1.7 亿元，比上年下降 54.0%。截至 2019 年末，大兴区拥有农业观光园 54 个，比上年减少 14 个，年接待 90.1 万人次，实现观光园总收入 1.1 亿元。民俗旅游年接待 37.3 万人次，实现总收入 0.1 亿元①。

享有"绿海甜园，都市庭院"美誉的北京市大兴区是北京农副产品生产供应基地。其中庞各庄是享誉国内外的"西瓜之乡"，种瓜产业蓬勃发展，此外庞各庄镇宏福农业产业园是大兴区与荷兰合作的首个番茄高新技术产业园区；长子营镇与北京裕农优质农产品种植有限公司、北京金福艺农农业科技集团有限公司等 8 家单位签约达成合作伙伴关系，合力打造北京·大兴中商航食基地，进一步完备航食产业体系，促进传统生态农业向现代农业产业转型升级。

（二）第二产业

1. 工业

2019 年，大兴区规模以上工业总产值实现 837.2 亿元，比上年下降 0.9%，其中高技术制造业和现代制造业分别实现产值 205.0 亿元和 478.9 亿元，分别比上年增长 2.9% 和 2.6%，增速分别高于大兴区规模以上工业总产值 3.8 个和 3.5 个百分点。另外，规模以上工业实现销售产值 805.9 亿元，比

---

① 资料来源：《大兴区 2019 年国民经济和社会发展统计公报》。

上年下降 2.2%。出口交货值 24.5 亿元，比上年下降 11.0%。

2019 年，大兴区主导产业实现规模以上工业总产值 578.3 亿元，比上年下降 0.6%，占大兴区规模以上工业总产值的比重为 69.1%，比重较上年提高 0.2 个百分点。其中，电子信息产业增长最快，实现产值 22.1 亿元，比上年增长 14.8%；装备制造产业与生物工程和医药产业较上年略有增长，分别实现产值 139.1 亿元和 135.2 亿元；汽车及交通设备产业实现产值 281.9 亿元，比上年下降 2.5%。

2. 建筑业

2019 年，大兴区实现建筑业总产值 507.5 亿元，比上年增长 33.4%。本年签订合同额 1150.4 亿元，比上年增长 12.2%，其中本年新签合同额 506.4 亿元，比上年下降 18.1%。

(三) 第三产业

2019 年，大兴区规模以上服务业实现收入 1397.8 亿元，比上年下降 5.0%，其中租赁和商务服务业及科学研究和技术服务业增长较快，分别比上年增长 11.2% 和 22.1%；规模以下服务业实现利润总额 47.6 亿元，比上年下降 32.3%。大兴区规模以上文化产业实现收入 107.6 亿元，比上年下降 0.3%。其中文化核心领域实现收入 82.6 亿元，比上年增长 2.7%。

1. 旅游业

(1) 民俗旅游产业。大兴区是绿天旅游基地。在大兴，农业和旅游业是一种相互依托和相辅相成的关系，农业的发展促进了旅游业发展空间的提升，形成了独具特色的农村旅游发展模式。结合城区居民周末度假需求的特点，大兴区开发了集观光、休闲、度假为一体的田园旅游产品，同时通过整合各种资源，推出了生态体验游、民俗风情游、特色美食游、时尚体育游和休闲度假游等特色旅游产品，打造民俗旅游产业链。至 2019 年共形成农业观光园 54 个，市级民俗村 5 个。

（2）历史文化遗址。大兴区自秦置县，史称"天下首邑"，拥有悠久的历史，积淀了深厚的文化内涵。独具特色的旅游景点和古韵悠长的文化遗产都是大兴独特的文化"名片"。大兴区有底蕴深厚的文化遗址和独具特色的民俗文化，其中具有代表性的民俗文化有南海子文化、永定河文化、大兴地方戏和传统民俗等。同时大兴区将历史文化遗址作为文化服务业的重要项目，使历史文化优势和宝贵精神财富成了推动当地经济社会发展的强大动力。

2. 文化创意产业

大兴区文化创意产业发展基础深厚，设计产业方兴未艾。北京唯一一个设计产业园"中国设计瑰谷"落户大兴。在"文化大兴，大兴文化"政策的指引下，大兴区政府着力将大兴区打造成为教育体验式的文化产业聚集区。第一，建成威克多制衣中心"衡水格雷服装创意产业园"，研究并推动"亦庄·永清园""西红门·曹妃甸服装产业园"合作共建；第二，在土地资源的优势下，京津冀设计产业联盟成立，北京 DRC（设计资源协作）工业设计创意产业基地落地，逐渐形成生产加工产业集群，促进文化创意、设计服务等领域的产品、服务、技术、模式及业态的创新，促进创新成果转化应用，推动文化产业与其他第三产业的融合发展；第三，中国设计节落户大兴区，大兴区引进各类设计企业 3000 余家，成功举办了 2016 年世界机器人大会。大兴区创新影响力显著增强，文创产业和设计产业面貌正发生着脱胎换骨的变化。

综合来看，经济新常态下，传统制造业逐渐涌现出新模式、农业呈现新业态、服务业新领域得到拓展深化，产品和服务在全球价值链中的地位大幅提升，传统动能焕发新活力（余东华，2018）。

二、北京市大兴区战略性新兴产业发展情况

战略性新兴产业的概念至今没有一致的定论，不同的学者基于不同层面给出了自己的看法。史惠文（2017）认为战略性新兴产业是以新兴技术为基础、具有较高的科技程度、产生时间不长、发展迅速的产业，其市场前景较佳，溢出效果很大。徐建伟（2018）认为，战略性新兴产业与产业架构调整更新、经济社会进步息息相关，该产业的特点是长远性、全局性、动态性和导向性等。战略性新兴产业门类和北京市大兴区产业规模如表7-2、表7-3所示。

表7-2　战略性新兴产业门类

门类	具体内容
新一代信息技术产业	高速宽带网络、高端整机、高端软件、新业态新应用
生物产业	生物医药、生物医学工程、生物农业、生物制造
绿色低碳产业	新能源、低能耗与新能源汽车、高效节能、先进环保、资源循环利用
数字创意产业	设计服务、文化创意

在生物工程和医药产业方面，大兴区具有独特的功能区位优势和丰富的生物医药产业资源优势。有"中国药谷"之称的中关村科技园区大兴生物医药产业基地吸引了国内外科研院所和高校入园建立研发机构和科技型企业，加快了生物科技成果的转化。2018年建兴医疗基金成功落地生物医药产业基地，成为大兴区推进区域科技创新能力提升和促进产业聚集发展过程中取得的一个阶段性成果。

表 7 - 3 北京市大兴区战略性新兴产业规模

类型	发展规模
新一代信息技术	构建以北京云基地为核心的云计算产业链;京东方 8.5 代线已经实现全面投产,与之配套的 23 个项目一半以上实现开工,今年预计将实现 160 亿元新增产值
汽车制造业	奔驰德国本土之外的首个海外发动机厂落户新区,同时启动北京奔驰汽车零部件配套产业园,首批入园的 19 个重大项目投资额超过 49 亿元
新医药和生物	截至 2019 年,共有 26 个项目签约落地,基因技术产业园等 17 个项目开工建设,华润产业园、悦康药业等 12 个项目竣工,生物医药基地共有高新技术企业 720 家,区域专利申请量首次突破万件

资料来源:大兴区人民政府官网。

产业基地主要由四类功能区组成:一是研发与企业孵化区,吸引国内外科研院所和高校入园建立研发机构和科技型企业,建立一批关键技术的中试放大平台,加速生物科技成果的转化,孵化出具备产业化开发条件的技术成果和高成长性科技型企业;二是生产加工区,引进和新建一批企业,针对不同生物工程和医药产品,建立产业化开发和生产基地,带动园区快速发展;三是贸易物流区,建立和完善贸易、商业、金融、法律、咨询、信息等服务体系;四是生活服务区,逐步建立商住、教育、娱乐、医疗等服务体系。

节能环保、新一代信息技术、生物医药、高端装备制造、新能源等战略性新兴产业,已经成为新区抢占新一轮经济和科技发展制高点的创新之路,产业集群格局初见成效。

三、北京市大兴区新动能经济概况

大兴区是面向京津冀的协同发展示范区、科技创新引领区、城乡发展深化改革先行区和首都国际交往的新门户。近年来，随着北京大兴国际机场的投运，打造第三座新城——新航城的趋势日益显著，区内经济发展出现一系列新变化。

（一）新媒体产业基地——提升区域影响

国家新媒体产业基地在大兴区落成并得到迅速发展，吸引集聚了 4000 余家企业，形成了以科技创新、文化创意、数字经济为主导方向的产业格局，各项指标保持稳定增长，发展潜力巨大。作为区域产业的代表，近年来，新媒体产业基地致力于打造"新型特色产业园区"，引进多方优势资源协同发展，加快产业转型升级。

位于新媒体产业基地的华商创意中心，是国家级科技企业孵化器、国家级青年创业示范区、北京市高新技术企业孵化器、北京市电子商务中心示范区，其前身是大兴工业开发区的北京留学人员大兴创业园，经过重新规划、升级改造，腾退一批传统制造企业，大力引进文化创意企业，逐步转型为集办公、商务、生活为一体的新型文创园区。目前，园区聚焦电子商务、数字内容、设计创意等产业，建设更具个性化和针对性的孵化服务平台，不断整合资源、加速产业集聚，吸引了各类文创企业百余家。

国家新媒体基地抓住新机遇，促进文化创意产业和新一代信息技术产业繁荣发展，为大兴区经济发展提供了新动能。

（二）"1＋N"产业政策——促进产业融合

2018 年，大兴区召开"1＋N"产业政策发布会，发布 10 项政策及 40 余项奖励条款，全力构建"高精尖"产业结构。2019 年，大兴区"1＋N"产业政策得到落实，总金额达 1.62 亿元，共有 69 家企业受益。区政府通过改革创新、精准施策、持续推进、务求实效等举措，为企业发展保驾护航。大兴区

"1+N"产业政策体系中，"1"即《大兴区促进产业发展的指导意见》，"N"为各产业专项配套政策，分别由大兴区科委、大兴区商务局等单位研究制定。大兴区"1+N"产业政策重点支持外贸企业、高精尖企业、现代金融服务业、上市企业、互联网产业、文化创意产业、医药健康产业等。

（三）大兴国际机场——带动临空经济发展

北京大兴国际机场作为发展动力源落户大兴区，临空经济区和新航城正在逐步规划和实施，着力挖掘首都气派、国家形象、国门文化的内涵，提升国际化发展水平。从国际经验看，机场及其辐射的临空经济区凭借超级流量的消费，将成为城市发展的新动力源。据预估，北京新航城建成后规模相当于一个中等城市，将衍生1.6万亿元的临空经济体量，可为临空经济区带来巨量的客流、物流和商流，为区域经济发展注入强劲动力。

（四）互联网赋能——现代产业全面起势

以新一代信息技术为引领的数字经济，成为带动和稳定经济增长的重要力量。大兴区紧跟科技发展步伐，聚焦数字经济与高新产业形态。"2018北京数字经济论坛·区块链应用创新峰会"在大兴区成功举办，近百位国内外院士、专家、领军企业代表、投资商和政府相关部门领导汇聚一堂，与现场数百位行业精英互动，共同探讨全球区块链技术应用与产业生态创新的新思路。近年来，大兴区借助区块链的技术应用，提升经济发展质量，打造数字经济发展的新引擎，形成了区域产业发展的新动能。云计算、大数据、AI、移动互联与区块链等信息技术，正推动电子商务、智慧城市、物联网等数字产业蓬勃发展，新技术、新业态、新机遇成为大兴经济发展的重要牵引力。

第八章　大兴区经济新动能发展
指标与成效评价

一、指标体系构建

(一) 指标体系构建原则

第一，科学性原则。新动能测度指标必须基于一定的经济发展理论，牢牢抓住新动能内涵，根据新动能对经济发展的影响机理，提出具有代表性、合理体现测度维度的指标。另外，测度指标要选取定量化的指标，数据来源要可靠，最好能从区域统计年鉴、政府工作报告和统计公报等公开信息中获取到，确保数据的准确性。

第二，全面性原则。新动能是一个内涵丰富、综合性强的概念，评价新动能的整体指标体系必须体现全面性，要全面考虑北京市大兴区经济规模、科技创新、制度变革、财政金融、对外开放等多方面的要素和指标。构建全面和系统的指标体系，以使分析结果能够客观准确地反映北京市大兴区的新动能培育成效。

第三，数据有效性和可得性原则。数据获取是一个长期且难度较大的工作，作为评价工作的第一步，获取数据的质量好坏直接影响到分析结果的准确与否。课题组在收集数据的过程中，注重数据的有效性，同时在指标选取中综合考量了数据的可得性，若某些统计数据无法通过客观、权威和可靠的渠道获取，那么就不应该把该项指标纳入测度指标的体系中。

（二）测度指标的选取

1. 新动能水平测度指标

当前，我国经济已由高速增长阶段转向高质量发展阶段，培育新动能需要培育发展战略性新兴产业，进一步优化新产业新业态发展，不断壮大经济发展的新动能。

新动能具有丰富的内涵，本课题构建的测度指标重点反映的是新动能发展的主要方面，以便对大兴区新动能培育成果进行基本评价。根据对新动能内涵的界定以及文献研究，课题组从科技创新、制度变革和转型升级三个维度，构建了由 3 个一级指标、9 个二级指标构成的评价指标体系，如表 8 - 1 所示。

（1）反映科技创新的指标。科技创新活动的结果评定主要从投入和产出两方面进行分析。

科技创新活动的投入方面。首先，R&D 经费支出占地区生产总值的比重是衡量一个地区科技活动规模和科技投入水平的重要指标，所以选用 R&D 经费占地区生产总值的比重来反映科技创新的资金投入水平；其次，考虑到研发支出只反映了科技创新投入中可观测和可度量的部分，企业的人力资本开发和新技术引进、消化与吸收等其他科技创新投入均未被反映在研发支出中，课题

表 8-1　新动能层面指标体系构建

评价维度	评价指标	指标测度
科技创新	人员投入	科技从业人员/总从业人员
	经费投入	R&D 经费支出/地区生产总值
	专利	专利授权数比重
制度变革	市场化水平	非国有企业固定资产投资/全社会固定资产投资
	城镇化水平	城镇化率＝地区城镇常住人口/地区常住总人口
	对外开放程度	进出口总额/地区生产总值
		外商投资/地区生产总值
	财政科教支出	教育科技支出/地方财政支出
转型升级	产业结构	战略性新兴产业增加值占地区生产总值比重
		高新技术产业总产值占地区生产总值比重
	需求结构	社会消费品零售总额占地区生产总值比重

还选取了人员投入指标来测度科技创新的投入，具体而言就是用科技从业人员占地区总从业人员的比重来反映科技创新的人员投入水平。

科技创新活动的产出方面。专利产出可以较为全面地反映企业各种可观测及不可观测的科技创新投入的成功利用情况。专利产出一般指的是专利申请数量和专利授予数量，相比较而言，专利授予得到了国家专利局的认证，能够更准确地反映企业的有效科技创新产出，所以采用专利授权数比重来衡量科技创新活动的产出水平。

（2）反映制度变革的指标。发展新动能需要提高效率，而提高效率的途径可概括为制度变革、结构优化和要素升级三种。其中，制度变革是根本，结构优化和要素升级都依赖或受制于制度。因此，新动能的评测指标中应有反映制度变革层面的指标。

制度变革的指标包括提升市场化水平、城镇化率、对外开放程度和政府财政在科教上的支出四类。其中，市场化水平选用的测度指标是非国有企业固定资产投资占大兴区固定资产投资的比重，可以直观反映出市场活力，有效反映市场化提高水平。其次是城镇化率，城镇化水平是衡量经济发展的重要测度，因此选取城镇化率作为反映城乡经济发展的指标。对于对外开放程度，利用进出口总额和外商投资占大兴区地区生产总值的比重来衡量。进出口总额反映的是大兴区的对外贸易水平，而外商投资比重衡量的是大兴区市场的对外吸引力。最后，政府财政在科教上的支出反映的是政府对于科教的支持力度，在一定程度上反映着政府的宏观调控机能。

（3）反映转型升级的指标。产业转型也叫产业结构的高级化，指产业结构向更有利于经济、社会发展的方向转换。评价转型升级的水平，可以从产业结构和需求结构两个方面选取测度指标。

产业结构方面分别采用战略性新兴产业增加值、高新技术产业总产值占地区生产总值的比重来衡量，原因如下：第一，战略性新兴产业是知识技术密集、成长潜力大、综合效益好、物质资源消耗少的先进产业，对经济社会全局和长远发展具有战略引领作用，所以战略性新兴产业增加值在地区总产值比重的提高在一定程度上可以反映出产业结构的优化；第二，高技术产业是指运用信息技术、生物工程和新材料等尖端技术生产高技术产品的产业，高技术产业发展快对其他产业的渗透能力就强，所以高新技术产业总产值占地区生产总值的比重越大，其对产业转型升级的促进作用就越强。

需求结构方面选取社会消费品零售总额占地区生产总值的比重来反映转型升级对于消费的带动作用。

2. 反映经济发展综合水平层面的指标

培育发展新动能的根本目的在于推动经济发展，因此选取反映经济发展综合水平层面的指标来量化评价新动能对经济发展的影响效应。在该层面课题选取了以下四个方面的指标（见表8-2）：第一，经济增长水平，主要包括大兴区的地区生产总值增长率和人均地区生产总值。其中，地区生产总值增长率用来衡量大兴区经济总量增长的速度，人均地区生产总值用于反映人均地区经济发展水平。第二，居民生活质量，选用人均可支配收入和城乡收入比两个指标。前者作为地区经济发展成果是否由人民共享的衡量标准，后者作为地区经济发展成果分配情况的考量。第三，可持续发展方面，选取万元地区生产总值能耗作为指标，良性的经济发展必定是可持续的发展，因此用万元地区生产总值能耗来考察新动能是否促进了经济的可持续发展。第四，劳动就业方面，用城镇登记失业率来反映。充分就业是地区经济发展的重要标志，也是社会稳定的重要保证，因此大兴区新动能培育中的经济综合发展水平层面选用城镇登记失业率来衡量。

表 8 - 2　经济发展综合水平层面指标体系构建

评价维度	评价指标	指标测度
经济发展水平	经济增长水平	地区生产总值增长率
		人均地区生产总值
	居民生活质量	人均可支配收入
		城乡收入比
	可持续发展	万元地区生产总值能耗
	劳动就业	城镇登记失业率

二、评价结果分析

（一）新动能不同维度水平评价分析

1. 科技创新

从人员投入看，如图 8 - 1 所示，近年来，大兴区科技从业人员的数量逐年攀升，2018 年突破 1 万人，数量达到新高；科技从业人员占总从业人员的比重从 2016 年的 3.69% 提高到 2018 年的 4.88%，提高了 1.19 个百分点，并仍然呈上升趋势。由此可见，大兴区对科技人员的吸引力逐年增加。如图 8-2 所示，大兴区科技从业人员中 R&D 人员数量在 2016~2017 年涨幅明显，之后涨幅出现波动下降，2019 年总量上出现下降。

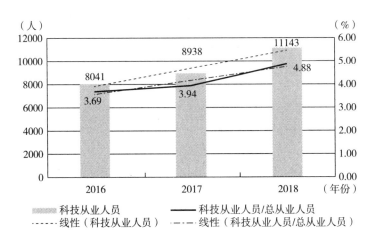

图 8-1 2016~2018 年大兴区科技从业人员变化情况

资料来源：《大兴区统计年鉴》。

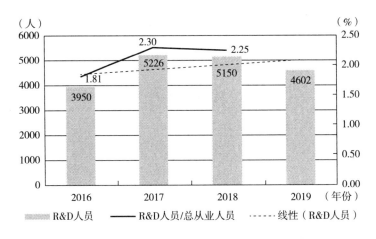

图 8-2 2016~2019 年大兴区 R&D 人员变化情况

资料来源：大兴区统计局。

除了人员投入外，从经济投入角度看，大兴区 2016～2018 年 R&D 投入逐年增高，2019 年投入略有下降。如图 8－3 所示，R&D 投入占大兴区地区生产总值的比重变化趋势基本与 R&D 投入相同，都是先连续上升，后略有下降。总体来看，大兴区对 R&D 投入即科研投入的比重逐渐增加，这说明大兴区愈加重视科技地位，大力扶植科研发展。

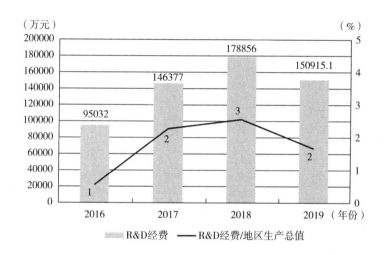

图 8－3　2016～2019 年大兴区 R&D 投入变化情况

资料来源：《大兴区统计年鉴》。

从图 8－4 大兴区专利数量上看，2016～2019 年，专利授权数比重呈波动上升趋势，除了 2017 年出现略微下降，其他年度都有所增加；从专利授权数量来看，虽然 2019 年较前几年授权数量下降明显，但是专利授权比重不减反增，分析可知，这是由于当年申请数量较往年少。

2. 制度变革

（1）市场化水平。某一地区社会性的固定资产投资是社会资产再生产的重要手段，反映出该地区的经济结构调整状况。从现有数据看（见图 8－5），

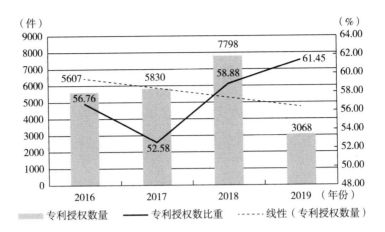

图 8 - 4　2016 ~ 2019 年大兴区专利授权数量变化情况

资料来源:《大兴区统计年鉴》。

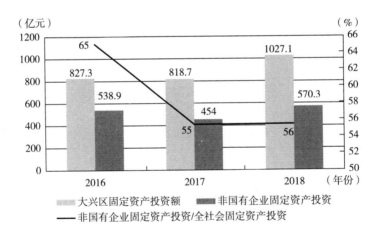

图 8 - 5　2016 ~ 2018 年大兴区非国有企业固定资产投资额占比情况

资料来源:《大兴区统计年鉴》。

大兴区 2016 ~ 2018 年社会固定资产投资额不断增长,这表明大兴区产业结构处于不断调整的状态中。而非国有企业固定资产投资额所占的比重则可以反映出市场在制度变革、产业结构升级变化中的活力。综合数据分析,2016 ~ 2018

年非国有企业固定资产投资额占大兴区固定资产投资额的比重一直保持在50%以上，其中以2016年最高，达到65%，2017年和2018年较2016年有较大下降，但总体仍保持在较高水平。

（2）城镇化率。如表8-3所示，大兴区2016~2018年城镇常住人口不断增长，城镇化率呈逐年上升趋势。其中，2016~2017年增幅较大，达到8%，2017年城镇化率与2018年基本持平，且总体城镇化率在70%以上。根据城镇化三阶段理论，大兴区城镇化发展已从增长率50%的加速阶段过渡到后期阶段，增速放缓。城镇人口的不断增长反映出大兴区城镇化进程的加快，农村人口不断向城镇人口转化，而城镇化率增速放缓则反映出大兴区城镇化已处于稳定发展的后期阶段。

表8-3 2016~2018年大兴区城镇化变化情况

年份	城镇常住人口（万人）	大兴区常住人口（万人）	城镇化率（%）
2016	121.8	169.4	72
2017	128	159.7	80
2018	131.3	162.9	81

资料来源：《大兴区统计年鉴》。

（3）对外开放程度。进出口总额能反映出地区的对外开放程度。如图8-6所示，从2016~2019年连续四年的数据情况来看，大兴区进出口总额和进出口总额占地区生产总值的比率呈现出相近的变化趋势，即2016~2017年增幅最大，2017年最高，2017~2019年逐年下降。

外商投资额能反映出地区市场的吸引力大小。如表8-4所示，2016~2018年，大兴区外商投资额逐年下降，且外商投资额占大兴区地区生产总值的比例也较小，不足1%，与上图所反映出的大兴区进出口总额的变化大致吻合。这说明近年来大兴区经济发展程度与对外开放程度不匹配，地区对外吸引力仍较低。

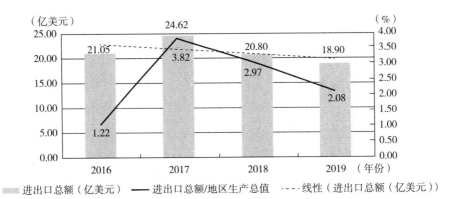

图 8-6　大兴区对外开放变化情况

资料来源：《大兴区统计年鉴》。

表 8-4　2016～2018 年大兴区外商投资占比变化情况

年份	2016	2017	2018
外商投资（亿元）	5.8	3.5	0.7
大兴区地区生产总值（亿元）	1729.3	644.6	700.4
外商投资/地区生产总值（％）	0.34	0.54	0.31

资料来源：《大兴区统计年鉴》。

（4）财政科教支出。如图 8-7 所示，政府在财政科教上的支出一定程度上反映了政府的宏观调控机能。从比例上看，大兴区 2016～2018 年教育科技支出占大兴区地方财政支出的比例逐年增加，这说明大兴区重视科教发展，不断加大支出比例。

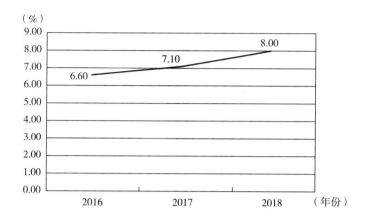

图 8 – 7　2016 ~ 2018 年大兴区教育科技占地方财政支出的变化情况

资料来源：《大兴区统计年鉴》。

3. 转型升级

（1）产业结构。从图 8 – 8 中可以看出，2016 ~ 2019 年，大兴区战略性新兴产业增加值不断增长，特别是 2017 年，与 2016 年相比增长了近 3 倍，增幅高达 35%。2017 ~ 2019 年，从比重上看，战略性新兴产业增加值占大兴区的比重持续下降，但其总增加值维持在较平稳的增长状态，这说明大兴区战略性新兴产业发展良好，产业结构处于不断优化的过程中。

高新技术产业发展情况与战略性新兴产业基本一致，如图 8 – 9 所示，2016 ~ 2019 年，2017 年的总产值增长幅度最大，增速最快。2017 ~ 2019 年进入平稳增长阶段，高新技术产业总产值占大兴区地区生产总值的比重有所下降。但从实际增长情况看，高新技术产业仍处于良好发展阶段。

（2）需求结构。如图 8 – 10 所示，2016 ~ 2017 年，社会消费品零售总额占地区生产总值的比重猛增，说明这一年间，大兴区零售消费市场活跃，很大程度上带动了区域经济的发展。2018 年出现些许下降，但仍然处于较高的水平。相比 2018 年，2019 年大兴区社会消费品零售总额占地区生产总值的比率

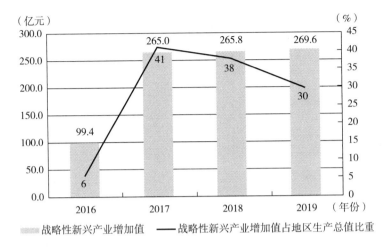

图 8-8　2016~2019 年大兴区战略性新兴产业占地区生产总值比重变化情况

资料来源：《大兴区统计年鉴》。

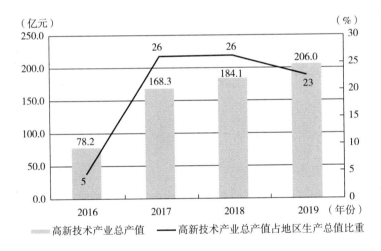

图 8-9　2016~2019 年大兴区高新技术产业占地区生产总值比重变化情况

资料来源：《大兴区统计年鉴》。

下降了 11.24%，而 2019 年地区生产总值为 907.6 亿元，比上年增长 6.5%，分析认为，这种现象出现的原因可能是商品和餐饮的消费不是该时期地区经济增长的主要力量，市场需求结构发生转变。

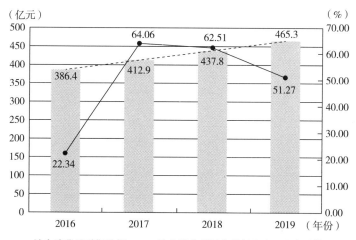

图 8 - 10   2016 ～ 2019 年大兴区社会消费品零售总额占地区生产总值的变化情况

资料来源：《大兴区统计年鉴》。

（二）经济综合发展水平指标分析

1. 经济增长水平

从表 8 - 5 中可以看出，大兴区 2016 ～ 2018 年地区生产总值增长率逐年下降，这表明大兴区近年来地区生产总值增速放缓，但总量一直处于增长状态。

表 8 - 5   2016 ～ 2018 年大兴区地区生产总值增长率   单位：%

年份	2016	2017	2018
地区生产总值增长率	14. 3	10. 5	7. 0

资料来源：《大兴区统计年鉴》。

从表 8 – 5 和图 8 – 11 可以看出，大兴区人均地区生产总值在 2016～2017 年出现小幅度下降，2017～2018 年增幅较大。

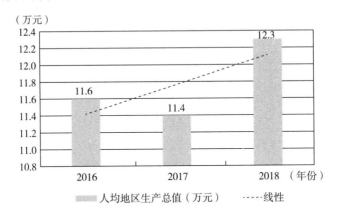

图 8 – 11　2016～2018 年大兴区人均地区生产总值的变化情况

资料来源：《大兴区统计年鉴》。

2. 居民生活质量

如图 8 – 12 所示，从大兴区人均可支配收入指标来看，2016～2019 年人均可支配收入稳步提升，大兴区居民生活质量在逐年提高，经济发展效果切实惠及了人民。

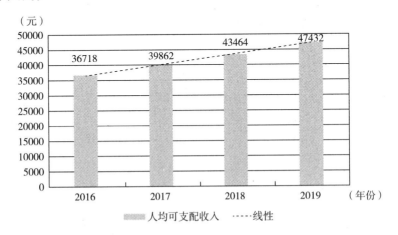

图 8 – 12　大兴区人均可支配收入的变化情况

资料来源：《大兴区统计年鉴》。

3. 可持续发展

如表 8 - 6 所示，2016 ~ 2018 年大兴区万元地区生产总值能耗逐年下降，说明大兴区工业企业能源经济效益较好，经济发展可持续性良好。

表 8 - 6　2016 ~ 2018 年大兴区万元地区生产总值能耗

年份	2016	2017	2018
万元地区生产总值能耗（吨标准煤）	0.50	0.43	0.23

资料来源：《大兴区统计年鉴》。

4. 劳动就业

通过图 8 - 13 可以看出，大兴区 2016 ~ 2019 年城镇登记失业率逐年上升，这说明大兴区仍面临保障充分就业的考验，行业发展在提供充分的就业岗位方面的作用不够充分。

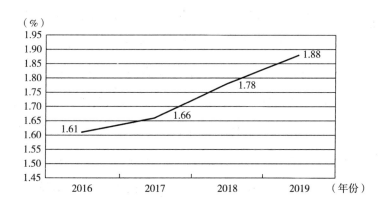

图 8 - 13　2016 ~ 2019 年大兴区城镇登记失业率的变化情况

资料来源：《大兴区统计年鉴》。

第九章　大兴区培育经济新动能的特点分析

　　面对新旧动能转换的要求，大兴区经济发展的产业结构、营商环境、市场主体等要素都发生了新的变化，向着有利于发展新经济培育新动能的趋势发展。总体来看，大兴区新动能培育呈现出以下几个特点：从产出供给角度看，大兴区现代经济发展新动能培育呈现出"以现代服务业为主体，先进制造业为支撑，新兴产业为引领"的发展特点；从要素投入角度看，在近几年大兴区的经济发展过程中，人才、技术等要素投入不断增加，科技投入增加，科技地位越来越高；从市场主体角度看，大兴区在培育经济发展新动能的过程中具有"民营经济为主体，战略性新兴产业经济主体不断增加"的特点；从营商环境角度看，"政府主导，总体提升"是大兴区培育经济发展新动能的主要特点；同时，5G、云计算和大数据等新型基础设施建设促进着新动能的发展。

一、现代服务业、先进制造业、新兴产业的产业供给梯次结构特点明显

大兴区作为北京市城市发展新区之一，近几年的现代服务业得到了巨大发展。从第一、第二、第三产业构成比例上看，2019 年末，大兴区产业构成为1.3∶30.6∶68.1，第三产业占比达半数以上。从第一、第二、第三产业近三年的产值上看（见表 9 - 1），第三产业产值持续增长，且一直是大兴区产业总产值构成的主体部分。

表 9 - 1 大兴区各产业的产值情况 单位：亿元

年份	第一产业	第二产业	第三产业
2017	16.8	242.8	384.7
2018	13.5	259.4	427.5
2019	12.1	277.2	618.3

在第三产业的生产性服务业中，金融业、房地产业、建筑业和文化产业的发展最为突出。金融业、房地产业和建筑业对大兴区地区的经济拉动力最强，生产总值分别比上年增长 21.7%、10.8% 和 9.3%。文化产业发展迅猛，大兴区规模以上文化产业 2019 年实现收入 107.6 亿元，其中文化核心领域实现收入 82.6 亿元，比上年增长 2.7%。同时，通过火炬计划发展的新媒体产业，为首都文化创意产业发展做出了重要贡献，成为大兴区文化产业发展的重要支撑。在生活性服务业中，大兴区休闲旅游业取得了很大的发展，依托庞各庄西

瓜节、安定桑葚节、采育葡萄节等特色节日，大力发展以果品采摘、假日休闲为主的民俗旅游，使大兴区旅游商业、餐饮业营业额增长明显。

在第三产业快速发展的基础上，大兴区高端业态加速聚集，制造业不断发展。2019 年，大兴区高技术制造业和现代制造业产值分别为 205.0 亿元和478.9 亿元，增速分别高于规模以上工业 3.8 个和 3.5 个百分点，占规模以上工业总产值的比重分别较上年提高 0.9 个和 2.0 个百分点。信息传输、软件和信息技术服务业利润总额比上年增长 14.8%。基于"科技创新引领区"的定位，大兴区的创新驱动力不断增强，创新生态加速形成，新兴产业加速发展。除此之外，生物医药、新能源汽车、数字创意产业等新兴产业全面开花，为经济发展提供了新的增长点，加快了大兴区新旧动能的转换进程。

大兴区以现代服务业为主体的发展特点，不仅有利于新旧动能的转换，也为新动能培育提供了良好条件。现代服务业涉及农业、工业等产业的多个环节，具有专业性强、创新活跃度高、产业融合度高、带动作用显著等特点。现代服务业的高速发展，有利于高端产业和新兴产业的加速聚集发展，有利于为经济发展提供新的增长点。

二、人才、技术等要素投入增加，科技地位越发明显

加快培育新动能需要各类高端人才、技术等创新要素的聚集和支撑。近几年大兴区在发展新动能的过程中，加大了人才、技术等要素的投入，成效显著。在科技人员规模上，科技人员占大兴区地区总从业人员的比重不断提高，截至 2019 年末，科技人员占比比去年提高 0.7 个百分点。在高端人才培育方

面，大兴区着力推进高端产业领军人才发展示范区建设，在第三批"新创工程"领军人才资格审核中，大兴区共有 46 人入选，同比增幅达 24%，领军人才总数达到 127 人。与此同时，为吸引高端人才落户，大兴区从住房、就业、福利待遇等条件出发，推出人才新政，以"兴十条"为代表，调整高端人才引进条件。大兴区人才引进主要从两个方面进行：一是留住大兴区应届高校毕业生，努力扩大公租房等配套设施，奖励吸纳毕业生较多的企业；二是引进外省市、国内外高端人才，探索人才培育新政，做到"引得来、留得住"。

在高端人才规模不断扩大、知识科技等要素不断聚集的发展环境下，大兴区的高新技术企业也在不断发展。2019 年，大兴区国家级高新技术企业已达830 家，输出技术合同成交额 337.6 亿元，比上年增长 26.8%；专利申请量4993 件，专利授权量 3068 件，有效发明专利拥有量 2294 件，科技政策对高新技术企业的覆盖率达到 100%。科技上的利好政策吸引了大批高端产业入驻，比如各类研发中心共有 124 家，其中九州 e 巢客、金蜜蜂文创等孵化器和众创空间 53 家。大兴区还建设了生物医药 CMC 和 CDMO 平台，逐步形成了高端产业基地，科技实力不断提升。

在人才、知识、技术等要素不断投入、高端产业加速聚集的基础上，大兴区乘势打造具有全球影响力的科技创新引领区，在近几年培育新动能、发展新经济的同时，着重加强了科技投入，用科技等要素在经济中发挥的重要作用反过来促进新动能发展。数据显示，2016~2018 年，科技投入占大兴区地方财政支出的比重分别为 6.61%、7.87%、8.16%，科技投入逐年增加，科技地位越来越高。

培育新动能不仅要大力推进科技创新，着力突破重大关键核心技术，更要推进创新成果转化应用。因此大兴区在促进科技成果转化方面出台相关政策，推动创新成果落地。2019 年大兴区印发了《大兴区促进科技成果转移转化暂行办法》，不断增强科技成果向市场动能的转化，支持各类科技服务机构创新化发展,通过打造服务品牌提升科技成果转化为服务的水平。人才、科技等要素的投入吸引了以科技创新为主要动力的企业在大兴区集聚,为大兴区经济发展贡献了重要力量,也为大兴区经济注入源源不断的新动能。

三、民营经济为主体、战略性新兴产业经济市场主体不断增加

从数量上看,2018 年大兴区的民营企业共有 42779 家,占比达到大兴区企业总数的 93.1%。从资产总值看,2018 年大兴区法人单位资产总计 14722.9 亿元,其中民营经济资产总计 7500.2 亿元,占 50.94%。从收入占比看,全区法人单位营业收入 4305.2 亿元,其中民营经济营业收入总计 3592.99 亿元,占比达 83.46%。这说明,民营经济已成为大兴区经济发展过程中不可忽视的一支力量。除了加速经济发展外,民营经济还加快了大兴区新动能的发展。民营经济对新动能培育的作用主要体现在促进传统产业改造升级方面。大兴区传统产业改造升级的动力主要来自民营经济体高质量发展对新技术和新产品的要求。为了适应技术和产品不断升级改造的需求,企业不断创新生产方式,改造生产线,加大科研投入,推出新的产品。在企业不断创新的过程中,新业态涌现并成为新的经济增长点,促进了新动能的发展。

在传统产业不断升级改造的基础上,一批战略性新兴产业出现并发展成为新动能的孵化器。这一过程不仅加速了新旧动能的转换,也促进了战略性新兴产业市场主体的出现。战略性新兴产业主要包括节能环保、高端装备制造、新一代信息技术、新能源、新能源汽车、新材料、生物七大产业。大兴区的战略性新兴产业是由政府和市场共同推动发展的,其中政府在税收、融资、土地、

基础设施、人才、项目审批等方面出台了扶持战略性新兴产业发展的各种优惠政策，促进了企业的产品研发，使得众多企业聚集成产业、形成集群。产业由于获得了政府的细心呵护，产品研发如鱼得水。实际发展中在生物医药方面，大兴区形成了大兴生物医药产业基地核心区；在新能源方面，大兴区致力于发展新能源汽车，积极推动氢燃料电池汽车关键技术在自由贸易试验区实现产业化落地；在信息技术方面，大兴区已建成 5G 基站，并着力推进配套通信设施建设，还加强了高新技术产业园等基地建设，推动了科技创新型企业的集聚。大兴区在战略性新兴产业各个方面的投入，使得众多产业聚集并形成战略性新兴产业的聚集区，这些聚集区具有极强的拉动效应，有利于发挥经济和社会发展的辐射作用，也有利于新动能的培育和发展。

四、政府主导、市场运作的新动能培育

新动能的发展，不仅要具备好的基础条件、发展规划，还需要打造好的营商环境，如此一来，新旧动能转换换挡的"定力"才能与制度保障的"推力"有机结合。优化营商环境，发挥政府的积极作用，可以直接为产业转型升级提供基础支撑，最大限度实现生产要素的优化配置，为新动能苗壮成长提供"土壤"。

在大兴区新动能培育的过程中，政府一直发挥积极作用。从政策上看，大兴区政府以《北京市大兴区进一步优化营商环境行动计划（2018—2020 年）》为抓手，努力为企业创造审批最少、流程最优、效率最高、服务最好、企业和群众获得感最强的营商环境。同时为推动各项政策的落实，大兴区还聘请了第三方机构，通过季度跟踪监测，全面、系统、有针对性地了解企业对全区营商环境的满意度，查找营商环境存在的问题和短板。从实际成效上看，大兴区通过对标世界银行营商环境报告 10 项指标、依托"互联网＋登记注册"、开发"北京大兴 APP"等方式使服务质量明显提升。除此之外，办事效率也大大提高。大兴区通过推动企业开办再提速，实现网上电子执照审核 1 小时内完成；通过清理行政审批 11 项，实现实体大厅"一站式服务"；依托"互联网＋政务服务"实现了"一网办""掌上办"；大兴区通过建立全区局级、处级领导干部"一对一"联系服务重点企业机制，对 150 余家企业实现"服务包"制度全覆盖等，吸引高端企业入驻，为地区经济提供新的增长点。政府主导的营商环境的深化改革，极大改善了大兴区的产业环境，为新动能培育提供了重要保证。

除了政府层面的保障外，大兴区新动能的培育与发展，还有赖于市场机制的运作与保证。从市场机制的供求角度来看，大兴区传统产业的升级改造、新兴产业的发展都产生了新的需求，在市场供求关系调节的作用下，技术升级、新产品出现，这些都成了潜在的新经济增长点。从市场的竞争机制看，虽然民营经济是主体，但在新动能发展的过程中，高端制造业、新能源等战略性新兴产业和环保领域不断有新的市场经济体出现，这些市场经济体的人才、技术等要素与民营经济具有同等竞争力，两者在同等的平台上竞争发展，这为大兴区新动能发展创造了一个良性的市场环境。

五、5G、云计算和大数据等新型基础设施建设不断加强

大兴区在新动能培育的过程中，除了战略性新兴产业对新动能有带动作用外，随着互联网的发展，大数据、云计算、人工智能等互联网新技术也在孕育

着经济新的增长点。从政策上看，为抢抓新一轮信息革命和产业变革战略机遇，培育新经济、新动能，加快发展数字经济业，大兴区制订并发布了5G产业规划以助力转型升级。从实践上看，大兴区自2019年起，便开始助力了5G、人工智能、智慧城市等互联网新兴经济体的发展。例如借助大数据，以"云计算"为基础，开展以"互联网＋旅游业＋文化创意"为主要模式的"智慧旅游"，通过科技促进大兴旅游业的创新发展。在医药健康产业发展中，5G、AI、高端制造等技术被应用于医药健康产业工业物联网，推动了现代化工厂的建设。2020年7月，"BSN北京区块链主干网"落户大兴，为大兴区成为科技创新引领区提供了重要发展机遇。

除了加快信息产业发展，大兴区还利用人工智能等新型互联网技术打造智慧城市、智慧乡村。例如，大兴区采取"人工智能＋物联网＋节能技术"路线，建设煤改清洁能源信息管控系统，获得了生态环境部的肯定；大兴区魏善庄镇半壁店村为改善民居环境，装备了智能垃圾桶、智能生态厕所、智能路灯等智能硬件设施，将绿色技术应用于智慧乡村建设；大兴区应用场景建设项目之一即基于生物识别技术的公租房管控系统也得到市级主管部门的肯定。以上这些举措在提升居民生活质量的同时，也缩小了城乡差距，有利于大兴区的城镇化建设。更重要的是，新型互联网技术在城乡的应用带动了一批以发展智慧城市、智慧乡村为目的的新兴企业，创造了新的经济增长点，为新动能发展提供了路径。

5G、云计算和大数据等互联网新经济的出现，也推动了新型基础设施的建设，如包括智能电网、融合配套设备在内的信息基础设施等。从短期看，这些新型基础设施能够扩大大兴区的消费，培育新型消费，发展新的消费模式，培育新型消费群体，同时也能提供新的就业岗位，拉动就业，缓解就业压力；从中长期看，以5G为代表的新型信息通信基础设施会驱动互联网创新，使消费互联网向产业互联网转变，为大兴区经济发展提供新动能。

第十章　北京市各区域经济新动能比较分析

一、北京市各地区经济发展状况的对比分析

（一）总体评价与分析

1. 经济总量方面

2016～2018 年北京市地区生产总值已经达到 30320.0 亿元，比 2017 年增长了 7.6%。由表 10-1 可以看出，经济发展较好的是海淀区和朝阳区，这两个地区 2018 年经济生产总值均超过 6000 亿元，并且在三年内呈连续增长态势；尽管大兴区近三年来的经济生产总值在持续增加，但 2018 年经济生产总值仅为 700.4 亿元，在北京市各区中排名第 11 位，与北京市其他区相比经济发展仍比较落后，与经济强区海淀区、朝阳区等仍然还有很大的差距。

表 10 - 1　2016～2018 年北京市各区经济生产总值　　单位：亿元

年份	2016	2017	2018
全市	25669.1	28014.9	30320.0
海淀区	5395.2	5942.8	6479.5
朝阳区	5171.0	5635.5	6093.5
西城区	3602.4	3920.7	4243.9
东城区	2061.8	2247.2	2425.7
顺义区	1591.6	1715.9	1864.0
丰台区	1297.0	1427.5	1551.1
昌平区	753.4	839.7	902.0
通州区	674.8	758.0	832.4
房山区	606.6	681.7	761.8
大兴区	583.2	644.6	700.4
石景山区	482.1	535.4	584.6
怀柔区	259.4	285.8	309.3
密云区	251.1	278.2	300.2
平谷区	218.3	233.6	251.0
门头沟区	157.9	174.4	188.1
延庆区	122.7	136.2	151.9
北京经济技术开发区	1213.8	1366.5	1509.5

注：各区地区生产总值合计数与全市不相等，是由于各区数据中扣除了划归市一级核算的部分。

资料来源：《北京区域统计年鉴》。

2. 产业结构方面

如表 10 - 2 所示，2018 年北京市第一产业增加值 118.7 亿元，同比下降 2.3%；第二产业增加值 5647.7 亿元，增长 4.2%；第三产业增加值 24553.6 亿元，增长 7.3%。三次产业增加值占生产总值的比例由上年的 0.4∶19.0∶80.6 变化为 0.4∶18.6∶81.0，变化并不显著。按常住人口计算，全市人均地区生产总值为 14 万元。进一步分析发现，规模以上工业中，高技术制造业、战略性新兴产业增加值分别比上年增长 13.9% 和 7.8%，均高于规模以上工业增加值增速，对规模以上工业增长的贡献率分别为66.3%和43.9%（二者有交叉）。服务业增加值比上年增长7.3%，高于地区生产总值增速0.7个百分点，对经济增长的贡献率达到87.9%，由此可以看出2018年北京市产业结构加快调整，经济结构得到优化升级。

表 10-2 2018年北京市各区经济生产总值构成 单位：亿元，%

区域	地区生产总值		第一产业		第二产业		第三产业	
	2018年	增长速度	2018年	增长速度	2018年	增长速度	2018年	增长速度
全市	30320.0	6.6	118.7	-2.3	5647.7	4.2	24553.6	7.3
海淀区	6479.5	7.7	1.6	6.5	655.6	2.4	5822.3	8.3
朝阳区	6093.5	6.5	2.1	70.5	404.2	3.3	5687.2	6.7
西城区	4243.9	6.5	—	—	372.9	10.0	3871.0	6.1
东城区	2425.7	6.3	—	—	89.6	2.7	2336.1	6.4
顺义区	1864.0	6.1	17.3	-8.4	670.2	-0.6	1176.6	10.4
丰台区	1551.1	6.4	0.9	19.6	309.7	5.7	1240.5	6.5
昌平区	902.0	6.4	7.6	-4.7	318.8	0.1	575.6	10.3
通州区	832.4	7.5	15.9	-3.0	382.3	2.3	434.2	12.8
房山区	761.8	6.5	13.5	0.4	446.4	3.6	301.9	10.9
大兴区	700.4	7.0	13.5	-23.0	259.4	4.2	427.5	10.1
石景山区	584.6	7.0	—	—	161.0	-1.0	423.6	10.3
怀柔区	309.3	6.3	6.7	0.7	160.9	-3.1	141.7	19.7
密云区	300.2	6.1	13.3	-8.4	117.3	2.3	169.6	10.3
平谷区	251.0	5.2	15.39	-6.7	95.0	-3.1	140.7	13.3
门头沟区	188.1	6.2	3.3	202.6	7.8	-6.3	10.7	14.9
延庆区	151.9	8.5	7.7	11.6	52.5	17.2	91.7	4.0
北京经济技术开发区	1509.5	10.6	—	—	1000.1	12.1	509.4	7.5

注：各区地区生产总值合计数与全市不相等的原因是各区数据中扣除了划归市级核算的部分。

资料来源：《北京区域统计年鉴》。

由表 10-3 可知，2019 年北京市实现地区生产总值 35371.3 亿元，按可比价格计算，比上年增长 16.66%。其中，第一产业增加值 118.7 亿元，下降 4.2%；第二产业增加值 5647.7 亿元，增长 1.19%；第三产业增加值 29542.5 亿元，增长 6.4%。三次产业增加值占生产总值的比例由上年的 0.4∶16.5∶83.1 变化为 0.3∶16.2∶83.5，变动不是太大。按常住人口计算，全市人均地区生产总值为 16.4 万元。分析认为，2019 年北京市经济运行总体平稳，第三产业增速较 2018 年稍稍放缓，发展质量继续提升。

表 10-3　2019 年北京市地区生产总值

指标	2019 年绝对数（亿元）	比重（%）	2018 年绝对数（亿元）	2019 年比 2018 年增长（%）
地区生产总值	35371.3	100.0	30320.0	16.66
按产业分				
第一产业	113.7	0.3	118.7	-4.21
第二产业	5715.1	16.2	5647.7	1.19
第三产业	29542.5	83.5	24553.6	20.32
按行业分				
农、林、牧、渔业	116.2	0.3	121.1	-4.05
工业	4241.1	12.0	4464.6	-5.01
建筑业	1513.7	4.3	1274.9	18.73
批发和零售业	2856.9	8.1	2530.4	12.90
交通运输、仓储和邮政业	1025.3	2.9	1346.2	-23.84
住宿和餐饮业	540.4	1.5	440.8	22.60
金融业	6544.8	18.5	5084.6	28.72
房地产业	2620.8	7.4	1748.3	49.91
其他服务业	15912.1	45.0	13309.1	19.56

资料来源：《2019 年北京区域统计年鉴》《2018 年北京市国民经济和社会发展统计公报》。

（二）按功能区域划分的比较分析

根据北京市人民政府 2012 年公布的《北京市主体功能区规划》，北京市四类功能区域分布情况如下（见图 10 - 1）：首都功能核心区包括东城区、西城区；城市功能拓展区包括朝阳区、海淀区、丰台区和石景山区；城市发展新区包括通州区、顺义区、大兴区、昌平区、房山区；生态涵养发展区包括门头沟区、平谷区、怀柔区、密云区、延庆区。

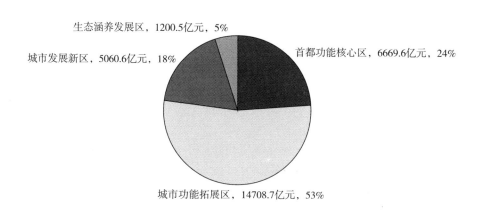

图 10 - 1　2018 年北京市各功能区生产总值占比情况

资料来源：《北京区域统计年鉴》。

如图 10 - 1 所示，在地区生产总值中，城市功能拓展区总量第一，占北京市地区生产总值的 53%，对北京市经济增长的贡献最大；首都功能核心区和城市发展新区依次位列第二名和第三名，分别占北京市地区生产总值的 24% 和 18%；比较靠后的是生态涵养发展区，其地区生产总值仅占北京市地区生产总值的 5%。

首都功能核心区中，西城区的经济总量约为东城区的两倍，总量较大；产业结构方面，如表 10 - 4 所示，西城区和东城区的第三产业都非常发达，在地区生产总值中的占比皆高于90%，而且东城区第三产业占比略大，达96%之多，但两个地区的第二产业分布都相对较少，第一产业没有分布。由此可以看出，首都核心功能区的第三产业基础很好，竞争力较强，第三产业对首都核心功能区的经济增长的贡献大，第二产业对其的贡献不大。

表 10 – 4　2018 年北京市首都功能核心区地区生产总值情况　单位：亿元

	东城区	西城区
合计	2425.7	4243.9
第一产业	0	0
第二产业	89.6	372.9
第三产业	2336.1	3871.0

如表 10 – 5 所示，城市功能拓展区中，在经济总量方面，海淀区的经济总量最大，2018 年地区生产总值达到 6479.5 亿元，比上年增长 7.7%，在整个北京市排名第一，可见该区的经济发展水平较高；在产业结构方面，整体来说，城市功能拓展区各区的第三产业都较其他产业发达，说明第三产业是城市功能拓展区的主要产业，是地区经济高质量发展的着力点。

表 10 – 5　2018 年北京市城市功能拓展区地区生产总值情况　单位：亿元

	朝阳区	海淀区	丰台区	石景山区
合计	6093.5	6479.5	1551.1	584.6
第一产业	2.1	1.6	0.9	—
第二产业	404.2	655.6	309.7	161.0
第三产业	5687.2	5822.3	1240.5	423.6

城市发展新区中，在经济总量方面，顺义区的经济总量最高，生产总值为其余各区的两倍左右，在该功能区中发展最好（见表 10 – 6）。除顺义区外，

通州区、大兴区、昌平区、房山区的生产总值基本持平，说明各区呈均衡稳步发展之势。在产业结构方面，除房山区外，各区的第三产业都高于第一、第二产业产值，其中顺义区第三产业产值最高，说明第三产业仍是各区发展的重点，第三产业发展程度直接影响该区经济整体的发展情况。

表 10 - 6   2018 年北京市城市发展新区地区生产总值情况   单位：亿元

	通州区	顺义区	大兴区	昌平区	房山区
合计	832.4	1864.1	700.4	902.0	761.8
第一产业	15.9	17.3	13.5	7.6	13.5
第二产业	382.3	670.2	259.4	318.8	446.4
第三产业	434.2	1176.6	427.5	575.6	301.9

如表 10 - 7 所示，生态涵养发展区中，从经济总量上来看，各区地区生产总值明显低于上文所述的核心功能区、城市功能拓展区和城市发展新区。这与不同功能区的发展定位和资源条件以及地理位置等因素有关。具体到生态涵养发展区的各地区生产总值情况，以怀柔区总量最高，其次是密云区。从产业结构上来看，经济总量最高的怀柔区和密云区第二产业都占有相当大的比重，尤其是怀柔区，第二产业产值已超过第三产业产值。总体来看，该区产业结构呈现出第二、第三产业并重的特点。

表 10 - 7   2018 年北京市生态涵养发展区地区生产总值情况   单位：亿元

	门头沟区	平谷区	怀柔区	密云区	延庆区
合计	188.1	251.0	309.3	300.2	151.9
第一产业	3.3	15.3	6.7	13.3	7.7
第二产业	77.5	95.0	160.9	117.3	52.5
第三产业	107.2	140.7	141.7	169.6	91.7

二、各区域经济新动能分项指标评价

（一）经济规模指标

经济规模主要从地区生产总值及其增长率和全市固定投资总额两方面进行评价与分析。

根据表10-8和表10-9可知，在经济规模指标方面，地区生产总值排在前列的基本都是城市功能拓展区和首都功能核心区，其中前四位的是海淀区、朝阳区、西城区、东城区，第五位是属于城市发展新区的顺义区，大兴区排名第11位，比较靠后。2018年全市固定资产投资总额的增长速度呈负增长，说明大部分地区在放缓固定资产的投资。

表 10-8　2018 年北京市地区生产总值及其增长率比较

按功能分	区域	2018 年地区生产总值（亿元）	增长速度（%）	地区生产总值排名
	全市	30320.0	6.6	—
首都功能核心区	东城区	2425.7	6.3	4
	西城区	4243.9	6.5	3
城市功能拓展区	朝阳区	6093.5	6.5	2
	丰台区	1551.1	6.4	6
	石景山区	584.6	7.0	12
	海淀区	6479.5	7.7	1

续表

按功能分	区域	2018 年地区生产总值（亿元）	增长速度（%）	地区生产总值排名
	全市	30320.0	6.6	—
城市发展新区	房山区	761.8	6.5	10
	通州区	832.4	7.5	9
	顺义区	1864.1	6.1	5
	昌平区	902.0	6.4	8
	大兴区	700.4	7.0	11
生态涵养发展区	门头沟区	188.1	6.2	16
	怀柔区	309.3	6.3	13
	平谷区	251.0	5.2	15
	密云区	300.2	6.1	14
	延庆区	151.9	8.5	17
北京经济技术开发区	北京经济技术开发区	1509.5	10.6	7

表 10 - 9 全市固定资产投资总额情况　　　　单位：亿元,%

按功能分	区域	2017 年	2018 年增长速度
	全市	8948.1	-9.9
首都功能核心区	东城区	284.7	1.2
	西城区	296.8	-20.4
城市功能拓展区	朝阳区	1356.1	-7.5
	丰台区	983.5	-23.7
	石景山区	271.0	1.1
	海淀区	1005.7	-5.9
城市发展新区	房山区	547.9	-34.4
	通州区	1054.5	-21.8
	顺义区	516.2	-10.3
	昌平区	546.3	-14.9
	大兴区	818.7	25.4

续表

按功能分	区域	2017 年	2018 年增长速度
	全市	8948.1	-9.9
生态涵养发展区	门头沟区	380.2	-65.1
	怀柔区	141.6	5.8
	平谷区	101.4	31.5
	密云区	130.9	8.9
	延庆区	154.1	77.1
北京经济技术开发区	北京经济技术开发区	358.5	-6.4

注：地区生产总值各区合计数不等于全市是由于各区中扣除了划归市一级核算的部分。

（二）发展速度指标

发展速度主要从地区生产总值增速和人均地区生产总值增速两方面评价与分析。由表 10 - 10 可知，北京各功能区的地区生产总值增速水平差距不大，均在 6% 以上，其中以城市功能拓展区的平均增速水平最高。大兴区作为城市发展新区增速水平属同层级功能区中最低的，这反映了培育和发展大兴区经济新动能的必要性和紧迫性。

表 10 - 10　2018 年北京各区人均地区生产总值及排名

按功能分	区域	2018 年人均地区生产总值（万元）	区域总排名
	全市	14.07	—
首都功能核心区	东城区	29.51	2
	西城区	36.01	1
城市功能拓展区	朝阳区	16.90	4
	丰台区	7.37	9
	石景山区	9.91	7
	海淀区	19.30	3

续表

按功能分	区域	2018 年人均地区生产总值（万元）	区域总排名
	全市	14.07	—
城市发展新区	房山区	6.41	10
	通州区	5.28	14
	顺义区	15.95	5
	昌平区	4.28	16
	大兴区	12.30	6
生态涵养发展区	门头沟区	5.68	12
	怀柔区	7.47	8
	平谷区	5.50	13
	密云区	6.06	11
	延庆区	4.36	15

注：人均地区生产总值依据常住人口计算求得，由于北京市常住人口统计不涉及北京经济技术开发区，北京经济技术开发区人均地区生产总值不做计算。

资料来源：《北京区域统计年鉴》。

从各区 2018 年人均地区生产总值来看，作为首都功能核心区的东城区、西城区的人均地区生产总值约为其他各区人均地区生产总值的两倍多，占据总排名的前两位，体现了强大的经济生产和带动能力。在城市功能拓展区中，海淀区和朝阳区作为高能新技术产业密集区，人均地区生产总值较高，位居总排名的第三位和第四位，丰台区、石景山区相差不多，总排名位于各区排名的中等位置。在城市发展新区中，大兴区和顺义区处于领先位置，人均地区生产总值是同属城市发展新区的通州区、昌平区和房山区的三倍多。在生态涵养发展区中，各区间差距不大，怀柔区排名最靠前。

综合北京市各区 2018 年地区生产总值和人均地区生产总值来看，大兴区属于城市发展新区中经济发展水平较好、较稳定的地区，其人均地区生产总值较高，纵向与北京各区比较，经济发展处于中等偏上水平，有一定发展潜力。

（三）对外经济指标

实际利用外商直接投资额可以反映出该地区的开放程度和对外经济水平。如表 10 - 11 所示，从 2016 ~ 2018 年北京各地区实际利用外商直接投资额水平来看，海淀区、朝阳区较其他各区来说对外经济发展水平较高。而怀柔区、密云区在北京各区中实际利用外商直接投资额较低，说明其开放水平不高，这与城市发展定位有关。定位为首都核心功能区的地区，发展对外经济的能力普遍较强，而定位为生态涵养区的地区，对外经济发展水平则较低。大兴区作为城市发展新区，在实际利用外商直接投资额这一指标中位于北京市全区的中等水平，具有一定的吸引外商投资的能力，而且还有较大发展空间。

表 10 - 11　2016 ~ 2018 年北京各区实际利用外商直接投资额

单位：万美元

区域	2016 年	2017 年	2018 年
全市	1302858	2432909	1731089
海淀区	188722	249059	790955
朝阳区	745228	587979	397477
西城区	50378	1161083	51449
东城区	50298	58209	62388
顺义区	69305	92711	165533
丰台区	10414	10263	1455
昌平区	78881	80000	85000
通州区	36036	81861	55388
房山区	4074	18400	4026
大兴区	41103 *	45120 *	61940 *
石景山区	15026	25333	38710

续表

区域	2016 年	2017 年	2018 年
怀柔区	3725	13129	6448
密云区	2098	720	1059
平谷区	4500	6043	5135
门头沟区	1004	2490	3204
延庆区	2066	509	922
北京经济技术开发区	30541	39622	53781

注：地区生产总值各区合计数不等于全市是由于各区中扣除了划归市一级核算的部分。

资料来源：《北京区域统计年鉴》。

(四) 经济结构指标

经济结构指标主要包括第一、第二、第三产业占地区生产总值的比重和社会消费品零售总额与地区生产总值的比值。

1. 第一、第二、第三产业占地区生产总值的比重

如表 10 - 12 所示，从三次产业产值占地区生产总值比重上看，首都功能核心区已不再发展第一产业，而是以第三产业为主，且第三产业占比均在 90% 以上，说明首都功能核心区的现代服务业处于较高发展水平。城市功能拓展区中，第一产业占比基本为零，该区以第二、第三产业为主，且第三产业产值占比基本为第二产业产值占比的三倍左右。城市发展新区中，第一产业产值占比在 1% ~2%，与城市功能拓展区结构类似，以发展第二、第三产业为主，说明这两类地区仍处于经济转型升级中。在生态涵养发展区中，第一产业产值占比是各功能区中最高的，且第二、第三产业产值占比较为接近，说明该部分地区经济结构仍需调整，第三产业发展水平与其他各功能区比仍较低。北京经济技术开发区主要以第二产业为主，而且第二产业较发达，其产值占比约为第三产业产值占比的两倍。

表 10 - 12　2018 年北京市各区第一、第二、第三产业产值占地区

生产总值的比重　　　　　　　　　　单位:%

按功能分	区域	第一产业产值占比	第二产业产值占比	第三产业产值占比
首都功能核心区	东城区	0.00	3.69	96.31
	西城区	0.00	8.79	91.21
城市功能拓展区	朝阳区	0.03	6.63	93.33
	丰台区	0.06	19.97	79.98
	石景山区	0.00	27.53	72.47
	海淀区	0.03	10.12	89.86
城市发展新区	房山区	1.77	58.60	39.63
	通州区	1.91	45.93	52.16
	顺义区	0.93	35.95	63.12
	昌平区	0.84	35.35	63.82
	大兴区	1.92	37.04	61.03
生态涵养发展区	门头沟区	1.77	41.24	56.99
	怀柔区	2.17	52.03	45.81
	平谷区	6.09	37.84	56.06
	密云区	4.44	39.08	56.48
	延庆区	5.06	34.58	60.36
北京经济技术开发区	北京经济技术开发区	0	66.26	33.74

资料来源:《北京区域统计年鉴》。

2. 社会消费品零售总额与地区生产总值之比

如表 10 - 13 所示,2018 年大兴区社会消费品零售总额比 2017 年增长了 6%,高于全市平均水平,并且比大部分地区该年的增长率都高,说明大兴区 2018 年零售消费市场活跃,区域经济得到发展。但从总量来看,排名比较靠前的是朝阳区、海淀区和丰台区,大兴区排名比较靠后,说明在通过消费拉动经济发展方面,大兴区还有许多提升的空间。

表 10 - 13　2018 年北京市各区社会消费品零售总额及其增长率

按功能分	区域	2018 年社会消费品零售总额（亿元）	比 2017 年增长（%）
	全市	11747.6	2.7
首都功能核心区	东城区	1052.9	3.1
	西城区	1043.2	3.0
城市功能拓展区	朝阳区	2797.6	1.4
	丰台区	1170.8	3.2
	石景山区	312.4	3.0
	海淀区	2340.1	1.4
城市发展新区	房山区	252.8	5.9
	通州区	439.8	5.0
	顺义区	478.7	5.2
	昌平区	465.7	3.0
	大兴区	437.8	6.0
生态涵养发展区	门头沟区	69.4	5.4
	怀柔区	126.2	5.4
	平谷区	113.5	5.9
	密云区	148.1	6.6
	延庆区	98.3	5.7
北京经济技术开发区	北京经济技术开发区	400.3	0.2

资料来源：《北京区域统计年鉴》。

　　社会消费品零售总额与地区生产总值之比可以反映出消费对地区生产总值的贡献程度，由表 10 - 14 可知，丰台区、延庆区和大兴区社会消费品零售总额占地区生产总值的比重比较大，远高于平均值，这可能与这些区域的产业分布和经济结构有很大关系。对比可知，大兴区的新动能培育大有可为。

表 10 - 14　2018 年北京市各区社会消费品零售总额与地区生产总值之比

单位:%

功能定位	区域	社会消费品零售总额与地区生产总值之比
	全市	38.75
首都功能核心区	东城区	43.41
	西城区	24.58
城市功能拓展区	朝阳区	45.91
	丰台区	75.48
	石景山区	53.44
	海淀区	36.12
城市发展新区	房山区	33.19
	通州区	52.83
	顺义区	25.68
	昌平区	51.63
	大兴区	62.51
生态涵养发展区	门头沟区	36.90
	怀柔区	40.80
	平谷区	45.22
	密云区	49.34
	延庆区	64.71
北京经济技术开发区	北京经济技术开发区	26.52

资料来源:《北京区域统计年鉴》。

(五) 企业效益指标

企业效益指标主要用于分析规模以上工业企业的利润总额情况，它可以体现出北京市规模以上工业企业的盈利规模。如表 10 - 15 所示。

从总量上来看，北京市规模以上工业企业的利润总额在 2017～2018 年这两年间出现较明显的下降，分区来看，除顺义区、门头沟区、怀柔区和平谷区出现略微增长之外，其他区的规模以上工业企业的利润总额都是下降的，说明北京市规模以上工业企业盈利承压，这与整体工业领域利润增速的下行趋势有关，企业利润的趋势性改善还需要更大力度的减税降费等政策的支持和企业自身的创新发展。

表 10 - 15　2017～2018 年北京市各区规模以上工业企业的利润总额

单位：亿元

功能定位	区域	2017 年	2018 年
	全市	2023.7	1530.0
首都功能核心区	东城区	14.6	10.6
	西城区	725.5	478.4
城市功能拓展区	朝阳区	84.6	71.3
	丰台区	35.2	-1.4
	石景山区	-28.3	-78.5
	海淀区	269.3	150.9
城市发展新区	房山区	43.3	32.6
	通州区	68.7	53.0
	顺义区	110.3	122.0
	昌平区	118.5	88.8
	大兴区	65.8	60.6
生态涵养发展区	门头沟区	14.3	15.1
	怀柔区	32.0	34.5
	平谷区	-0.7	0.9
	密云区	12.8	-5.7
	延庆区	22.8	20.4
北京经济技术开发区	北京经济技术开发区	435.0	476.5

资料来源：《北京区域统计年鉴》。

（六）环境能耗指标

环境能耗指标包括能源消费总量增长速度、万元地区生产总值能耗下降率。2017～2018 年北京市各区环境能耗指标如表 10 - 16 所示。

表 10 - 16　2017 ~ 2018 年北京市各区环境能耗指标　　　　单位:%

区域	能源消费总量增长速度		万元地区生产总值能耗下降率	
	2018 年	2017 年	2018 年	2017 年
全市	2.56	2.46	3.82	4.01
东城区	2.81	2.41	3.24	3.69
西城区	1.62	1.04	4.54	5.14
朝阳区	1.83	1.33	4.34	4.90
丰台区	2.33	1.88	3.80	4.29
石景山区	1.99	- 2.64	4.66	9.19
海淀区	1.21	1.91	6.04	4.99
门头沟区	1.10	- 5.70	4.82	11.82
房山区	3.38	4.06	2.90	2.26
通州区	1.96	- 2.61	5.13	9.88
顺义区	4.62	5.62	1.36	0.60
昌平区	2.23	1.57	3.88	6.36
大兴区	1.74	- 0.90	4.90	7.44
怀柔区	1.84	4.48	4.20	2.86
平谷区	- 0.18	- 1.91	5.15	5.84
密云区	0.92	0.24	4.88	6.39
延庆区	5.45	- 1.15	2.85	8.82
北京经济技术开发区	8.26	3.17	2.07	8.02

资料来源:《北京区域统计年鉴》。

　　环境能耗指标可以反映出该地区对能源的利用程度,以及经济结构和能源利用效率的变化。从总体上看,2017 ~ 2018 年,北京市各区能源消费总量增长速度都有所下降,而万元地区生产总值能耗下降率都有所提升,说明北京市各地区能源利用效率提高,经济发展方式朝着节约型、生态环保型转变。就万元地区生产总值能耗下降率而言,大兴区所在的城市发展新区普遍下降幅度较高,说明近两年这部分地区经济发展方式转变较快,不再以粗放式发展为主。

北京市大兴区民营经济发展与新动能培育成效研究

（七）科技创新指标

科技创新指标主要分析财政科学技术支出规模及比例，以反映该地区对于科技创新的资金支持力度和对科技创新的重视程度。进入高质量发展阶段，科技创新是提升经济发展质量的关键，是实现新旧动能转换、推动产业迈向中高端的必由之路。2018 年北京市各区财政技术支出如表 10 – 17 所示。

表 10 – 17　2018 年北京市各区财政预算支出中科学技术支出规模及比例

按功能分	区域	2018 年科学技术支出（万元）	占比（%）
	全市	4258712	5.70
首都功能核心区	东城区	11905	0.47
	西城区	33437	0.78
城市功能拓展区	朝阳区	117687	2.09
	丰台区	40725	1.64
	石景山区	7278	0.58
	海淀区	412424	6.26
城市发展新区	房山区	6196	0.24
	通州区	14998	0.37
	顺义区	8664	0.28
	昌平区	38047	1.98
	大兴区	5164	0.20
生态涵养发展区	门头沟区	3241	0.30
	怀柔区	94056	6.13
	平谷区	10458	0.79
	密云区	33106	1.83
	延庆区	32049	2.29

注：各区财政支出为行政区级财政支出，北京经济技术开发区不在此列示。
资料来源：《北京区域统计年鉴》。

科技创新水平的高低既是一个城市经济实力的体现，同时也是科技创新能

力和环境长期发展积累的结果。由表 10 - 17 可知，总体来看，北京各区科学
技术支出占地区财政支出的均值在 1% 左右，各区科学技术支出占比超过 1%
的有朝阳区、海淀区、丰台区、昌平区、怀柔区、密云区和延庆区 7 个，其中
以海淀区和怀柔区比重最为突出，均在 6% 以上。分区域来看，城市功能拓展
区和生态涵养发展区的科学技术支出占地区财政支出的比例普遍较高，说明这
些区域正处在经济转型升级过程中，所以科技支出比例不断提高。

大兴区在该指标中与同属于城市发展新区的各区域差距不大，但其科学技
术支出占比在北京市各区中属于最低水平，说明大兴区未来仍要重视科技发展
对经济的带动作用，大力发展科技。

（八）民生保障指标

从表 10 - 18 中可以看出，2016～2018 年，北京市各区居民人均可支配收
入均连续增长，说明经济不断发展，居民生活水平大幅提高。其中西城区、东
城区、丰台区、朝阳区、石景山区、海淀区居民人均可支配收入大幅领先于其
他各区，说明这些区域经济发展水平较高。

表 10 - 18　2016～2018 年北京各区居民人均可支配收入情况　单位：元

年份	2016	2017	2018
全市	52530	57230	62361
东城区	66084	70289	75547
西城区	71863	76511	81678
朝阳区	60056	64841	70746
丰台区	51173	55871	60144
石景山区	60980	66112	71244
海淀区	67022	71986	78178
门头沟区	42293	45881	49298

年份	2016	2017	2018
房山区	33322	36289	39391
通州区	34097	37209	40553
顺义区	30808	33568	36575
昌平区	38350	41632	45399
大兴区	36718	39862	43464
怀柔区	30982	33764	36797
平谷区	30768	33414	36012
密云区	29490	32165	34951
延庆区	29157	31555	33887

注：居民人均可支配收入依据常住人口（按城乡分）计算求得，由于北京市常住人口统计未涉及北京经济技术开发区，北京经济技术开发区居民人均可支配收入不做计算。

资料来源：《北京区域统计年鉴》。

三、北京市经济新动能培育的特点分析

根据对《北京市 2019 年国民经济和社会发展统计公报》的解读可知，2019 年北京市经济发展质量继续提升，具体表现在以下三个方面：

第一，产业发展提质增效。高技术产业增加值占地区生产总值的比重为 24.4%，比上年提高 0.2 个百分点。战略性新兴产业增加值占地区生产总值的比重为 23.8%，比上年提高 0.1 个百分点（高技术产业、战略性新兴产业二者有交叉）。新一代信息技术、人工智能和新材料产业较快发展，相关产品产量快速增长，卫星导航定位接收机产量增长 26.3%，智能电视产量增长 13.3%。规模以上工业企业劳动生产率比上年提高 4.6 万元/人，规模以上服务业企业人均创收比上年增长 14.1%。

第二，需求结构持续优化。服务性消费对市场总消费增长的贡献率达到 72.7%，生活用品及服务、医疗保健、教育文化和娱乐消费增长较快。升级类商品消费活跃，可穿戴智能设备类、智能家电类商品零售额增速均达到 20% 以上。高技术制造业固定资产投资占制造业投资的比重为 54.0%，比上年提高 1.6 个百分点。高新技术产品出口额增长 8%，增速高于全市出口 1.9 个百分点。

第三，科技创新动力增强。发明专利授权量占全部专利授权量的比重为 40.3%，比上年提高 2.3 个百分点，每万人发明专利拥有量比上年增加 20 件。中关村国家自主创新示范区高新技术企业技术收入增长 16.9%，占总收入的比重为 20.1%，比上年提高 2 个百分点。创新成果助力区域协同发展，北京向津冀转移技术合同成交额增长 24.4%，占流向外省市成交额的比重为 9.9%，比上年提高 2.4 个百分点。

近年来，与大兴区同属于城市发展新区的通州区也着力培育新动能，它以发展电子信息技术产业为突破口，培育经济新增长点和经济发展新动能，重点打造"新型电子元器件及材料、高性能集成电路板、芯片、工业互联网"四大板块，不断提升产业承载力和集聚度，加快推进新一代电子信息技术产业向高端化、规模化发展。

第十一章　大兴区经济发展新动能
培育存在的不足和问题

近年来，大兴区在经济发展新动能培育方面尽管取得了显著成效，但发展过程中还存在一些问题。这些问题主要表现为：培育经济新动能的相关法律法规存在"真空地带"、区内创新主体和创新集聚区对新动能发展的支撑较弱、高端创新要素缺乏、战略性新兴产业体量规模偏小、新旧动能换挡不畅、新型消费和高端消费动力不足等，因此需要加大力度解决。

一、政策制度层面的问题

从政策制度层面来说，近年来大兴区为推动经济发展新旧动能转换，出台了一系列相关政策和法规。《大兴区加快构建高精尖经济结构的实施意见》《大兴区促进高精尖产业发展暂行办法》《大兴区推进大众创业万众创新的实施办法》的出台推动了区内企业与大兴区高精尖产业的引导基金对接。积极引进《北京市鼓励发展的高精尖产品目录》聚焦的创新前沿产品、关键核心产品、集成服务产品、设计创意产品、名优民生产品，培育工业新动能，推动《京南大学联盟服务大兴行动计划》落地。利用科技资源优势与京南大学联盟辐射效应，促进高校等科研院所的技术成果在大兴区的快速转化与应用。深化科技体制改革。深入落实《大兴区服务业扩大开放综合试点推进方案》，发挥工作专班作用，推动服务业做大做强。落实《大兴区优化营商环境加强投资促进工作的意见》《大兴区投资促进工作实施办法》《大兴区投资促进工作绩效考核办法》，加快研究社会化招商体制机制建立，拓展招商引资渠道，促进一批高精尖项目签约落地、投产见效。编制《大兴区国家新型城镇化综合试点实施方案》和《大兴区国家中小城市综合改革试点方案》，重点推进农村集体经营性建设用地入市、城乡统筹带动本地农业转移人口市民化、土地要素流动机制创新等六项改革任务，进一步促进经济发展的新动能增长。

同时，大兴区在经济发展新动能的培育和治理中还存在缺位、越位和不到位并存等诸多矛盾和问题，企业公平竞争的市场环境尚不完善，相关法律法规存在"真空地带"。比如，大兴区的数据主权和资产、个人隐私保护等法律法规不够健全，不利于人工智能等战略新兴产业的健康发展。另外，大兴区近年来发展较快的生物制药、基因诊断等产业也存在一些问题。大兴区在干细胞等医药领域的法律法规不配套不利于区内干细胞等领域的基础研究和产业化。免疫治疗在临床应用过程中，缺乏严格的质量控制标准和完善的评估体系，也阻碍了免疫细胞治疗技术的临床研究和产业化。这些制度上的缺失导致一些区内的优质企业不能专心主业、做大做强。

二、创新主体层面的问题

（一）区内个体和机构的创新能力不强，对于培育和发展经济新动能的支撑较弱

从创新主体来看，大兴区专利申请数和授权数如表 11 - 1 所示。

表 11 - 1　大兴区与全国专利申请和授权情况　　　　　　单位：件

大兴区申请				
年份	工矿企业	大专院校	科研单位	机关团体	个人
2015	6045	452	91	17	763
2016	8401	453	173	52	800
2017	9833	338	196	60	660
2018	11843	348	181	30	843
大兴区授权				
年份	工矿企业	大专院校	科研单位	机关团体	个人
2015	3894	355	39	14	547
2016	4818	259	58	2	470
2017	5187	220	76	6	341
2018	7054	213	113	3	415
全国申请				
年份	工矿企业	大专院校	科研单位	机关团体	个人
2015	235162	64476	1565751	37685	736372
2016	314514	78274	2004337	47498	860602
2017	336185	76580	2261767	57697	804104
2018	407328	83025	2744955	69716	841748

续表

		全国授权		
年份	工矿企业	大专院校	科研单位	机关团体	个人
2015	136334	33651	988717	17026	421249
2016	149760	34920	1030358	17487	396356
2017	170421	37805	1136429	19568	356605
2018	194000	40327	1655057	24731	421296

资料来源:《中国统计年鉴 2017》《中国统计年鉴 2019》《新区(大兴——开发区)统计年鉴 2019》。

由表 11 - 2 可以看出,工矿企业、大专院校、科研单位等创新主体是大兴区申请新专利的主力军,但是这三者近年来新专利申请增长速率落后于全国平均水平,机关团体的新专利申请增长速率也与全国水平有着不小的差距。

表 11 - 2　大兴区与全国专利申请和授权增长率　　　　单位:%

		大兴区申请		
年份	工矿企业	大专院校	科研单位	机关团体	个人
2016	38.97	0.22	90.11	205.88	4.85
2017	17.05	- 25.39	13.29	15.38	- 17.50
2018	20.44	2.96	- 7.65	- 50.00	27.73
		大兴区授权		
年份	工矿企业	大专院校	科研单位	机关团体	个人
2016	23.73	- 27.04	48.72	- 85.71	- 14.08
2017	7.66	- 15.06	31.03	200.00	- 27.45
2018	35.99	- 3.18	48.68	- 50.00	21.70
		全国申请		
年份	工矿企业	大专院校	科研单位	机关团体	个人
2016	33.74	21.40	28.01	26.04	16.87
2017	6.89	- 2.16	12.84	21.47	- 6.56
2018	21.16	8.42	21.36	20.83	4.68

续表

全国授权				
年份	工矿企业	大专院校	科研单位	机关团体	个人
2016	9.85	3.77	4.21	2.71	-5.91
2017	13.80	8.26	10.29	11.90	-10.03
2018	13.84	6.67	45.64	26.38	18.14

资料来源:《中国统计年鉴2017》《中国统计年鉴2019》《新区（大兴——开发区）统计年鉴2019》。

在新专利的授权对象方面,大兴区的大专院校和机关团体的被授权增长速率也明显落后于平均水平。由此可见,大兴区当地的工矿企业、大专院校、科研单位和机关团体创新能力仍显不足。

(二) 区内新兴产业集聚区的创新引领作用不突出

尽管大兴区的国家新媒体产业基地、生物医药基地等新兴产业集聚区逐步明确发展思路、发展模式与重点方向,但集聚区发展仍然普遍存在一些需要解决的共性问题。尤其是很多的印刷包装产业集群发展模式仍然不清晰,房地产运作痕迹过重,没有构建起完善的产学研合作机制,无法形成持续竞争力。

(1) 过于依赖房地产运作,同质化竞争严重。目前产业集群建设大多采用高新区招商、经济开发区融资和孵化器模式,即政府划拨土地用于招商,政府提供公共基础设施和配套政策孵化来培育基地。产业集聚优势尚不明显,各创新区域的发展重点、特色不够突出,核心竞争力差距明显,呈现出同质化竞争的趋势。政府引导和市场拉动两种力量在产业集群发展中的关系不明和作用发挥不充分,无法充分发挥和体现创新集聚区对于当地新动能产业的引领作用。

(2) 区内集群很难引进新兴行业内的龙头企业。目前大型的战略新兴企业主要集中于海淀区、朝阳区等相关产业发展水平较高的地区。集聚区域的企业数量偏少、规模以上的企业比重较低、集群企业关联度普遍较低，缺少龙头企业，产生不了集群效应，整体效益偏低，"集而不群""集而不聚"的现象也较普遍，无法形成企业的带动效应，没有形成相互依赖、相互合作的专业化分工和配套协作体系，产业链体系不完整。

三、新动能的创新要素层面的问题

大兴区目前的创新要素并不完善，主要体现为创新驱动力不强。无论是新动能培育还是旧动能改造，都离不开人才、资金、科技等高端要素。从实践来看，高端要素支撑不足已经成为制约新旧动能转换的重大瓶颈。主要原因有以下几个方面：一是关键核心技术供给不足，技术创新对新旧动能转换的引领带动作用有待提升。新旧动能转换的核心是自主创新，迫切需要作为推动新旧动能转换主动力的一大批科技成果。但目前基础研究投入不足、高校和科研院所成果质量不高、关键核心技术受制于人的局面仍未根本改变，"卡脖子"风险很大，制约了新旧动能顺畅转换。此外，科技成果转化率偏低，科技成果转化不畅，影响了新旧动能转换进程。技术创新政策和市场支持政策结合不够，重视技术研发支持、忽视市场政策配套导致国内企业即使取得技术突破，也很难打开市场。二是金融体系存在结构性问题，金融支撑新旧动能转换的作用没有得到充分发挥。尽职免责的容错机制尚未真正建立，银行等金融机构惜贷、拒贷现象普遍，导致新动能领域企业融资难、融资成本高等问题突出。金融体系不健全，间接融资占比过高，投资基金、证券、保险、融资担保等现代金融培育不足。部分政府引导基金过于注重资产保值增值和风险控制，实际投资项目少，专业化、市场化程度不够，初创公司面临的融资难问题依然没有得到有效解决。三是人力资源存在结构性供需矛盾，充分发挥人力资源作用的体制性束缚较多。教育体制还不完善，难以培养出引领新旧动能转换的领军人才，高端人才和专业技能人才也较为缺乏。此外，数据等新生产要素集聚共享不足，数据开放和共享还面临诸多制约。数据等新型要素资源"动不起来"，成为制约新产业新技术发展和新旧动能转换的障碍。

由表 11－3 可见，根据《2019 北京区域统计年鉴》，大兴区工业企业研发经费占全市的比例仅为 6.06% 左右，信息传输、软件和信息技术服务业研发经费占全市的比例不足 1%，而海淀区或经开区这两项的占比则为 20% 左右。工业企业人员数和信息传输、软件和信息技术服务业研究人员数也仅占全市的 5.74% 和 1.65%，不能忽视的是大兴区 2018 年信息传输、软件和信息技术服务业研究人员数与北京经开区相当，但是 R&D 经费却不到经开区经费的 10%。这从一个角度反映出大兴区目前创新人才、创新经费投入等创新要素的匮乏情况，这不利于大兴区经济发展新动能的培育和创新能力的提升。

表 11－3　大兴区创新要素与代表区域比较　　　　单位：%

大兴区与其他区域比较	工业企业 R&D 经费		信息传输、软件和信息技术服务业 R&D 经费		工业企业人员数		信息传输、软件和信息技术服务业研究人员数	
年份	2018	2017	2018	2017	2018	2017	2018	2017
大兴区占全市比例	6.06	4.86	0.20	0.08	5.74	5.91	1.65	0.13
大兴区数据/海淀区数据	23.28	16.96	0.25	0.12	22.62	22.55	2.23	0.18
大兴区数据/北京经开区数据	24.95	22.57	9.57	8.90	35.70	39.23	1.08	16.81

资料来源：《2018 北京区域统计年鉴》《2019 北京区域统计年鉴》。

除此之外，也可通过中关村国家自主创新示范区大兴园来分析大兴区目前创新型区域情况，如表 11-4 所示。

表 11-4　中关村国家自主创新示范区大兴园情况

项　目	2018 年	2017 年	2016 年	2015 年
规划总面积（公顷）	1124.7	1124.7	1124.7	1124.7
累计已开发土地面积（公顷）	710.2	710.2	710.2	710.2
累计已供应土地面积（公顷）	559.0	559.0	559	559
累计已建成城镇建设用地（公顷）	345.3	313.1	299.5	298.2
投产（开业）企业个数（个）	289.0	294.0	284.0	281.0
高新技术企业（个）	215.0	244.0	232.0	243.0
工业企业（个）	170.0	184.0	210.0	202.0
三资企业（个）	15.0	17.0	20.0	20.0
注册资本（万元）	70448.0	34668.0	21000.0	25500.0
工业总产值（亿元）	411.6	363.3	400.1	292.8
工业销售产值（亿元）	400.3	357.1	382.9	277.5
出口交货值（亿元）	9.9	4.9	6.4	6.5
总收入（亿元）	713.6	650.0	562.8	407.9
技术收入（亿元）	47.9	40.6	36.3	30.1
利润总额（亿元）	50.8	41.4	40.8	28.4
高新技术企业（万元）	42.1	31.7	32.9	26.9
应缴税金总额（万元）	37.5	27.9	27.3	21.8
从业人员期末人数（人）	48611.0	47134.0	46159.0	39946.0

资料来源：《2019 北京区域统计年鉴》。

从表 11-4 中可以看到，2015～2018 年大兴园的规划总面积、累计已开发总面积、累计已供应土地总面积暂无变化，园区内累计已建成城镇建设用地、出口交货值、总收入和利润总额近年来有了明显提升。但是，园区内的投产企业在 2018 年出现了下滑，其中高新技术企业和三资企业都有近 12% 的锐减，工业企业的数量也下降了近 8%。这主要归因于近年来去杠杆、国内外出口形势等带来的融资难问题。高新技术企业和三资企业入驻能带来更新的技术、高效的管理手段以及更大的创新驱动力，这些都是经济发展新动能所需要的。大兴区应大力引进高新技术企业，逐步解决创新企业融资难问题，为新动能发展提供动力。

四、新产业层面的问题

从新产业的角度来说，大兴的新产业仍有较大的新动能发展空间。目前，维持经济持续稳定增长的传统动能正在弱化，工业化中期以来高速扩张并拉动大兴区经济快速发展的重化工业，如汽车、钢铁、机械、化工、建材等增速出现明显下滑，通过发展传统产业、增加要素投入和牺牲生态环境实现经济规模扩张的空间大幅缩小。传统制造业非高端化，这是制约创新驱动成效的核心难题。由于制造业在全球分工体系中"低端锁定"等问题，高附加值环节缺失，进而影响了科技创新和实体经济的有机结合，科技成果转化难、产业化难，全要素生产率提升难。

尽管制造业发展取得了显著成效，但仍存在如下突出问题：一是有效需求不足，产能过剩矛盾凸显，有效供给不能完全适应消费结构升级的需求，需要提高供给侧对消费结构升级的适应性和灵活性；二是"大而不强"问题突出，部分行业领域关键核心技术缺失、产品质量不高；三是传统比较优势弱化、资源环境约束趋紧、体制机制束缚问题突出；四是产业向中高端迈进受到发达国家"再工业化"和新兴经济体"分流"的两头挤压，制造业转型升级的难度较大；五是促进新动能成长的条件正在培育，新技术、新产品、新业态、新模式快速涌现，新动能正处于从分散到聚合、从缓慢到快速成长的孕育期，有望带动经济转型升级的人工智能、5G、物联网、高端装备、生物、新能源、新能源汽车、新材料等新兴产业体量规模偏小，还不能完全接续替代旧动能，经济仍面临较大下行压力，不少新动能领域还沿用传统行业管理模式。同时，服务业结构不合理，这是制约转型升级的瓶颈。大兴区服务业占比虽然接近70%（68.1%），但内部结构并不合理，以金融为首的高端服务业在全区 GDP 的占比仅为40.3%。对标来看，纽约、伦敦、东京、首尔这些全球先进城市的医疗保健、教育培训、文体旅游等其他高端服务业的占比则超过50%，分别达到66%、70%、60%、62%。结构不合理导致服务业集聚辐射能力不强、服务半径有限。

五、新市场消费层面的问题

在推动经济发展新动能的主要终端动力——新型市场拓展和消费方面，大兴区在引导新型市场消费如信息消费、绿色消费等方面发展较快，但是也存在一些不足。

以农村和城镇居民2015～2018年家庭人均消费支出为例，从表11-5、表11-6中可以看出，2015～2018年农村居民和城镇居民家庭食品烟酒支出和衣着支出的比例都在逐年下降，农村居民在食品烟酒方面的支出占家庭总支出的比重每年仍比同年的城市居民高5个百分点，与此同时衣着支出则比城镇居民少0.5～1个百分点，而教育、文化和娱乐支出以及医疗保健支出等比重持续上涨，这说明近些年大兴区农村和城镇居民的消费结构已经发生了变化，由原来的生存型支出发展为享受型支出，而且交通通信支出和教育文化娱乐支出的增长更为明显。这种享受型支出正是新动能发展的原动力。

表 11 – 5　2015～2018 年大兴区农村居民家庭人均消费支出

单位：元，%

项目	2015 年	2016 年	2017 年	2018 年	2018 年同比增长
人均消费支出	15811	17329	18810	20195	7.4
食品烟酒支出	4372	4667	4653	4802	3.2
衣着支出	996	1095	1025	1088	6.1
居住支出	4636	5199	5588	5951	6.5
生活用品及服务支出	993	1157	1595	1580	– 0.9
交通通信支出	2140	2306	2730	3078	12.7
教育文化娱乐支出	1145	1342	1314	1436	9.3
医疗保健支出	1336	1347	1699	1992	17.2
其他用品及服务支出	193	217	206	268	30.1

表 11 – 6　2015～2018 年大兴区城镇居民家庭人均消费支出

单位：元，%

项目	2015 年	2016 年	2017 年	2018 年	2018 年同比增长
人均消费支出	36642	38256	40346	42926	6.4
食品烟酒支出	8091	8070	8003	8577	7.2
衣着支出	2651	2643	2429	2346	– 3.4
居住支出	11252	12128	13347	15391	15.3
生活用品及服务支出	2273	2511	2633	2496	– 5.2
交通和通信支出	4860	5078	5396	5033	– 6.7
教育、文化和娱乐支出	4028	4055	4325	4402	1.8
医疗保健支出	2370	2630	3088	3476	12.6
其他用品及服务支出	1117	1141	1125	1205	7.1

资料来源：《2016 北京区域统计年鉴》《2017 北京区域统计年鉴》《2018 北京区域统计年鉴》
《2019 北京区域统计年鉴》。

由表 11 – 7 可知，大兴区的餐饮和住宿单位只占全市的 2%，营业额由
2015 年的 3% 上涨至 2018 年的 5%。这说明，一方面，大兴区的消费市场呈现

出较好的发展势头；另一方面，消费市场的发展存在结构性问题。北京各个城区贫富差距较大，一般性商品和服务供过于求，而在食品安全、商品品质和服务质量方面供给与需求存在着差距，高质量的教育与医疗缺口较大，一些短期的消费信贷存在较大的风险隐患，同时消费市场的总量和部分结构的增长速度变缓，消费市场商品与服务的供给侧改革任重道远。新消费、中高端消费、进口消费、服务消费是消费升级的重点方向，需要重点培育。上海、北京的新零售发展领先全国，新消费具有较大的发展潜力。上海还涌现出携程、大众点评等一批服务消费电商平台，文化消费、信息消费、旅游消费等快速增长，北京其他城区也拥有京东、阿里巴巴、腾讯、当当网等服务消费电商平台。相比之下，大兴的服务消费电商平台非常欠缺。母婴群体、老龄人口、女性和青年是主要消费群体，需要重点关注。随着全面二胎政策的放开，近两年全国发达地区迎来生育的小高峰，与母婴相关的家庭亲子、教育培训等类别的消费市场进一步扩张。与老年群体相关的养老医疗、保健养生、旅游休闲等老年消费市场空间进一步扩大。女性成为消费的主力军，为了契合女性消费需求，大兴区仍需积极引进女性消费者喜爱的商品和服务品牌，加快打造女性群体的购物天堂。2020 年以来，大兴区开启了"大兴区消费季"，打造"互联网 + 扶贫集市"，利用"京南夜巷"激活大兴区的消费新动能，具体成效尚待后期市场检验。

表 11 - 7　各区餐饮住宿单位消费情况对比　　单位：个，亿元

区域	2015 年单位个数	2016 年单位个数	2017 年单位个数	2018 年单位个数
全市	2582	2469	2422	2449
东城区	278	274	279	282
西城区	318	313	304	308
朝阳区	729	690	693	693
海淀区	529	477	445	447
大兴区	54	59	52	52

续表

区域	2015 年营业额	2016 年营业额	2017 年营业额	2018 年营业额
全市	973.9	1041	1138.8	1200
东城区	228.9	241.8	268.1	277
西城区	121.4	124.9	131	120
朝阳区	273.4	300.3	317	339
海淀区	157	161.7	172	182
大兴区	29.3	32.8	43.9	61

资料来源：《2016 北京区域统计年鉴》《2017 北京区域统计年鉴》《2018 北京区域统计年鉴》《2019 北京区域统计年鉴》。

第十二章　大兴区培育和发展经济新动能的前景与对策建议

一、大兴区进一步培育和发展经济新动能的前景

我国近年来高度重视新动能新经济的培育和发展，经济发展程度也已进入高质量发展轨道。北京市作为首都城市和国家的知识创新中心，拥有一流的科研创新环境，掌握着前端的科研技术，孵化出了一批高精尖产业。良好的发展基础和先天条件为新动能的培育以及新旧动能转换奠定了坚实的基础。大兴区作为北京市经济发展中的重要一环和首都最大的城市发展空间预留地，近几年的 GDP 排名稳居各区前十，良好的地理环境和便捷的交通条件为其造就了至关重要的农产品基地和工业生产基地。大兴区面积较大且为平原，水土优质肥沃，再加上大兴国际机场这个交通枢纽的加持，农业、工业和服务业新业态新动能的培育和发展具有天然的优势。综合现有的发展状况，大兴区进一步培育和发展经济新动能的前景十分广阔。

第一，将"互联网＋农业"、创意农业等新业态、新产业作为农业经济发展新动能的重点方向。大兴区作为全市的农业大区，以西瓜、蔬菜等种植业和养殖业为主线，发展高效率农业，农业产量与产值不断提升；立足于服务全市，开发了许多满足市民多样化需求的观光游玩项目；与中国农科院等开展了"院区合作"等工程，合力推进科技成果转化。2019 年 10 月，大兴区入选第二批国家农业绿色发展先行区，着重发展农业创意产业布局，结合"互联网＋"、数字经济，建造创意农业产业体系，为未来大兴区发展创意农业新动能提供了新方向。

第二，利用数字技术、智能制造和互联网等创新技术，推动大兴区传统工业产业开发区转化为内涵式科技产业基地。大兴区的工业发展稳定，形成了生物工程与医药产业、汽车制造业、石油化工等众多行业的生产基地，聚集了北京奔驰汽车、北京同仁堂制药有限公司等高新技术产业，工业基础深厚。大兴区的工业发展环境具有明显的区位交通优势、基地政策优势和土地总量等优势，结合数字经济、互联网、技术创新等途径，有望从一个边缘式工业产业开发区变身成为一个内涵式的科技产业基地，未来将成为集科研、制造等多方面为一体的国际化经济产业开发区，实现旧动能向新动能产业的转换，成为环京高新技术产业经济带上不可或缺的一环。

第三，利用临空经济区等地理和区位优势，发挥文化创意产业、战略性新兴产业引领作用，提升区内服务业新动能水平。近年来大兴区现代服务业、文化创意产业等主导产业日益壮大，大兴区新媒体产业基地积极推进文化创意产业的转型升级，以新媒体产业发展为核心，着重发展数字出版、影视制作、创意设计等领域，通过灵活改造老旧工业厂房，打造了一批新颖独特的生态文化地标。围绕大兴国际机场规划了大兴国际机场临空经济区，并将其打造成毗邻副中心、辐射京津冀、联通雄安新区的一个具有国际交往中心功能的承载区、国家航空科技创新引领区、京津冀协同发展示范区。临空经济区的规划为大兴区第三产业经济新动能的培育和发展创造了机遇，大兴区利用新一代信息技术，结合大数据、云计算、机器人、物联网等科技，提供航空保障服务和枢纽高端服务，打造了生命健康、金融办公、展示接待、商务服务等一系列自贸区创新中心。未来经济区的建设与推进将带动新动能向更高层次发展，不断提升与深化第三产业的结构和层次。

培育和发展经济新动能将会使大兴区的三大产业由引进吸收向自主创新的新动能转变，通过创新可以提高大兴区的农业科技水平，使其真正成为内涵式的科技产业基地，临空经济区的规划建造也将继续演绎大兴国际机场这个"世界新七大奇迹"；培育和发展经济新动能将使大兴区的劳动力供给由人口红利向人才红利的新动能转变，结合大众创业、万众创新，劳动力质量将大幅提高，智慧将转化为能实实在在推动三大产业转型升级的生产力；培育和发展经济新动能将会使大兴区未来的需求导向由投资主导向消费主导的新动能转变，企业要推动产品和服务的升级换代，以满足人民日益增长的美好生活需要。培育和发展经济新动能是转变经济发展方式的必要手段，是实现大兴区三大产业向高端价值链进发的必经之路。

二、大兴区进一步培育和发展经济新动能的思路

从新旧动能中"新"与"旧"的角度看，培育和发展新动能离不开"无中生有"和"有中出新"。

第一，"无中生有"即通过科技创新等途径产生新的生产要素，并结合现有产业基础发现推动经济发展的新动力。新动能的培育和发展应立足于人们的物质和精神需求，助推企业和产业转型升级，实现经济新飞跃。企业应具备探

索精神与创新意识，在现有的经济基础上，强化科技创新的引领作用，吸收借鉴新技术，以新动能填补三大产业的发展空白，寻求新的经济增长点。大兴区应抓住临空经济区这个历史契机，利用集聚效应和扩散效应，吸引更多的高新技术企业入驻，吸收借鉴前端科研技术，填补航空服务等高端业务的发展空白，借此机会培育和发展经济新动能。具体措施如下：建立创新中心，利用云计算、大数据等科技为生命健康、航空科技创新、枢纽高端服务等项目提供资源和技术支持，与临空经济区所需的技术和业务做好匹配。围绕临空经济区这个良机，大力发展新技术、新产业、新业态、新模式，贯彻京津冀协同发展战略，完善周边的基础配套设施，为人民提供更优质的公共服务、更坚韧的安全体系、更便捷的市政交通和更智慧的管理平台等人文型的生态生活保障，营造高品质的人本环境。

第二，"有中出新"是在原有的经济基础上改造提升传统动能，结合新的生产要素，改造升级原有的产业，促进新旧动能接续转换。"有中出新"是一个长期的过程，需要不断推陈出新，进行优势再造，通过升级重塑内涵，探索保持企业持续增长的动力。在为临空经济区积累后备资源与技术的同时，要在原有的科技基础上，取长补短，运用这些前端技术手段大力发展三大产业，积极优化大兴区的整体产业环境。农业上，利用高端技术服务，推动农业管理模式创新，优化农作物种植技术；深化发展具有田园特色的创意农业，为传统农业赋予新创意，解决大兴区农业经济发展新动能不足等问题，结合大兴区农业标签为农业绿色发展提供新路径。工业上，加强与高新技术企业的沟通与合作，弥补企业的技术空白，在业务流程中探索新技术与新模式，延展旧业务或发展新业务，创造新的利润增长点，促进大兴区的工业发展。在第三产业的发展中，运用人工智能、物联网等科技手段，完善基础设施建设，优化服务体系，为发展金融服务、国际化服务业等业务做好铺垫，优化完善第三产业的布局，营造良好的人本环境。

三、大兴区进一步培育和发展经济 新动能的对策建议

（一）新制度新政策层面

（1）围绕大兴区相关产业，在财政、税收、金融、科技等方面进行体制改革，完善制度建设，全方位破解体制机制障碍，为大兴区培育和发展经济新动能提供制度保障。

首先，在财政体制上，政府要统筹整合财政资金政策，对跨部门的资金按照统一的资金管理制度、统一的分配方法、统一的审核分配程序进行统筹安排；创新财政支持方式，促成财政与金融合作，加强政府与社会资本合作，还可通过设置新动能发展专项基金对重点产业、关键领域加大支持与引导力度。在税收体制上，大兴区要完善税收引导激励政策并探索税收优惠政策，用好企业增值税即征即退、固定资产抵扣等各类税收优惠政策，优化税率结构，降低免税政策门槛，最大程度上为企业减轻税收负担。在金融体制上，创新企业融资方式和金融服务模式，引导金融资源向经济新动能发展涉及的高端装备制造、新能源等重点产业以及薄弱领域倾斜；发挥股权投资对基金的引导作用，整合各类股权投资基金；支持创新型小微企业用发行企业债、公司债等债券融资方式进行直接融资。在科技体制上，实施知识产权保护机制和保护性政策，围绕产权保护、科技成果转化等方面进行体制改革；改革科技管理体制，健全科技创新宏观管理体制，通过设立动态专家库等方式为科技发展战略和科技政策方面的决策提供咨询服务，为大兴区经济新动能的培育和发展做好科技制度

铺垫。

其次，围绕大兴区新动能培育和发展的项目实施过程，探索建立问责制、责任追究制等制度及新动能培育工作机制等新机制，对工作中的不足与问题及时进行反思与改进，对过程中的新思路新方向进行衡量与把握，以此完善制度建设。

再次，关于新兴产业等新兴领域，要提高产业的风险灵敏度，推测可能产生的危机，针对所发展的领域建立产业风险评估与预警体系，对与之相关联的项目进行综合全面的分析评估，以避免盲目跟风、判断不当导致后续进展出现不必要的损失。

最后，探索建立审慎监管制度，创新产业监管模式，对各产业加强安全监管，对产品加强质量监管，完善事中事后监管体系，在大兴区建立全面完备的监管体系，确保目标任务保质保量地完成。

（2）深化供给侧结构性改革，助推大兴区实现资源要素的优化配置。

培育和发展经济新动能必须以供给侧结构性改革为主线，通过推陈出新和升级换代优化产业结构，提高全区劳动生产率和全要素生产率，以此培育和壮大经济新动能。推进大兴区"三去一降一补"工作，在去产能方面，稳妥去除高能耗产业的过剩产能，调整产业发展方向，缓解产品因供过于求引起的不利竞争；在去库存方面，深化住房制度改革，根据人口城镇化率因地制宜，根据市民的有效需求清理库存，为新产能的发展腾出空间；在去杠杆方面，降低杠杆率水平，加大股权融资力度，优化债务结构，降低金融风险；在降成本方面，政府要简政放权，帮助企业降低税收负担，降低"五险一金"，降低财务成本，为企业减税降税，助力企业发展；在补短板方面，营造良好生态环境，完善大兴区的基础设施建设和公共服务体系，优化产业结构，为经济持续健康发展注入新动力，加强科技创新建设，提高创新活力，从多方面入手弥补区域发展短板，为大兴区经济新动能的培育和发展补足后续动力。

（3）优化政府服务，完善市场机制，推动大兴区政务服务品牌化，让政府在培育和发展经济新动能的过程中充分发挥作用。

首先，政府要具有清单管理思维，精准落实负面清单制度。结合大兴区各产业发展的实际情况，积极落实市场准入负面清单制度和外商投资负面清单制度，对污染环境、破坏资源的项目实行最严厉的管制，促进产业绿色发展，活跃市场，更好地发挥政府作用，加快政府职能转变。

其次，要响应行政审批制度改革的号召，将权力下放，把权力交还给企业和市场。切实关注众多企业与群众的呼声，梳理权力下放过程中政策交结、流程不畅影响行政审批效率这一问题，逐步优化营商环境，为大兴区吸引更多投资；注重提高行政审批工作人员的素养，提高政务服务部门的办事效率，杜绝"磨洋工"的消极现象。

再次，在简政放权过程中还应加强事中事后监管，创新监督管理方式，把握行政审批制度改革的方向，弥补市场在资源配置中的缺陷。加强市场监管，秉持"三公"原则，保证信息公开、市场规则公平、市场参与者待遇公正；构建信用监管体系，各信息平台之间完成信息相通共享，对失信行为进行联合惩戒，实现信用协同监督管理；加强技术监管，利用大数据、互联网等技术对市场主体的特定行为进行有效监管，提高大兴区的监管水平。

最后，政府要加强规划和引导，积极为大兴区各产业提供相关政策扶持。对培育和发展经济新动能过程中的土地问题，要通过合理规划产业布局促进土地利用方式转变，缓解土地和资源利用的矛盾，为大兴区培育和发展经济新动能提供最强有力的政策支撑与服务。

（4）为创新创业提供新的政策支持，同时也为创新型企业提供便利，带动大兴区经济新动能的发展。

政府要积极参与制定有利于企业创新发展的公共政策与制度。企业的持续健康发展离不开良好的政策环境，政府可通过设定定向资金、支持创新项目、提供公共服务等途径为创新创业提供政策支持。对有利于老工业基地改造、有利于传统产业升级和科技创新水平高的项目给予重点支持，如加大 R&D 经费投入，对升级改造老工业基地的重大科研项目、产业化基金项目等重点项目有针对性地给予扶持。针对企业创新和创新型企业，制定激励性政策，如财政及金融政策、税收政策、提供服务的设施政策等；引导型政策，包括人才政策、科技政策和产业政策；保护型政策，即保护科研成果及专利的政策；协调性政策，即协调各创新主体之间的矛盾或各创新主体地区间的矛盾，包括产学研协调发展政策、区域协调发展政策等。

政府要积极参与制定有利于创新创业的公共政策与制度。注重创新创业生态环境的优化，降低市场熔断水平，以建立公平竞争、规范法治的市场环境；在资本市场方面，调动民间资本的积极性，使资本市场能更好地服务企业，为创新创业拓展资金来源；转变政府支持方式，加强公共服务平台的建设，注重政策协调配套，提高公共财政的利用效率。另外，国家虽出台了一系列关于创新创业的利好政策，但涉及的范围和深度以及覆盖面仍然不够广泛，大多数企业在创立之后、运营之初都会遇到资金缺口或技术瓶颈，需要外界再扶一把。由此，可拓展创业投资，针对绿色低碳实体企业、高新技术企业、互联网企业这类对技术水平要求高的企业，可在其成立初期为其额外提供一定额度的运营贷款，支持或联合相关企业为其提供一定期限的技术支持以支撑其后续发展。在政策上为大众把握创业方向，实现大兴区创新创业新突破，以带动经济新动能的发展。

（二）新主体层面

（1）建设创新型企业，强化企业在市场中的主体地位和主导作用，促进大兴区经济新动能的培育和发展。

企业最能贴近市场需求，在创新成果、技术选择和市场投入等方面最具发言权，建设创新型企业也有利于使科技成果的转化更易于接受，更贴近大众诉求。

保证有充足的资金投入和创新型人才。加大企业科技创新力度，以企业为主体，使掌握产业链中的关键环节或核心技术的优势企业在研发创新、组织管理等方面有更多新突破，以拉动提高大兴区整体的企业竞争力。完善企业内部的人才激励机制和科技管理体制，有针对性的激励方式有利于人才和企业的长远发展，科技管理体制的健全与完善为企业创新能力的持续提升奠定了坚实基础。通过创新型人才驱动企业科技成果的转化，依靠财政和金融支持促进科技成果转化，形成人才—科研—成果转化为一体的创新链。

优化大兴区的创新产业链设计。结合大兴区的行业基础和对产业转型升级的要求，建设一系列创新基地，聚集资源要素，凭借园区载体建设和科技的支撑作用，打造新型孵化器、众创空间等不同形式的创新创业基地，以提高企业的创新动力和能力。以科技型企业为引领在区内建立科技创新服务平台或创新联盟，借此加强企业间的技术交流与合作，推动大兴区企业在产品与服务、业务与管理、组织文化等方面进行创新，营造良好的创新创意氛围。同时，还可以借这些平台整合资源优势、技术优势，对阻碍区域经济发展的难题合力进行技术攻关，推动大兴区创新型企业和企业创新建设的发展。

营造良好的创新创业生态环境，加强创新创业指导。政府应降低市场准入门槛，减少对市场的干预，加强对知识产权的保护，加强对市场交易环境、市场安全等方面的监管，营造公平、规范的竞争环境；丰富资本市场层次，逐步健全资本市场并调动民间资本积极性；探索多元化的创新模式，企业可根据所属行业特点及未来发展方向选择恰当的创新模式，如"互联网＋"的大众创业模式，即基于市场需求识别创新目标，借助网络平台寻求大众参与；为大众创业提供平台支撑与咨询等服务，帮助创业者了解相关行业的创业政策与法规、创业流程与模式，这在一定程度上有利于提高创业成功率，也有利于孕育出更多的创新型企业。

（2）培养与引进创新型人才，为大兴区经济新动能的培育和发展做好人才储备。

对创新型企业而言，最不可或缺的是持续的创新能力。从企业的长远利益来看，企业的经营管理者必须重视创新型人才队伍的建设并建立有效的人才管理机制，提高知识创造者的地位，这样才有利于激励万众创新。

企业内要组建创新型人才团队。借助重点实验室、科研工作站等平台的支撑和良好的科研创新条件，为企业吸引创新型人才领军人物；通过不定期地举办讲座、培训、进修等方式，帮助企业内的科研人员强化科技知识与技能以及企业运营管理等知识；对企业内有优秀科研成果的创新型人才实施股权奖励或分红激励等措施。

区域内要积极营造创新创意氛围。针对大兴区的特色产业与优势产业，结合未来的发展方向，与大兴区的高等院校、科研院所以及创新型企业达成对口志愿，联合开展创新创意课程、举办相关竞赛活动等，为创新型人才提供实践操练基地，将其创新创意融入实践，并在实践中进行运用与检验，以提升其创新能力。利用高等院校及科研院所的资源优势，促使创新型人才向企业流动。

深化大众的创新意识。创新不分年龄和职业，"小创新"也可以发挥大作用，积累"小创新"使其凝聚成可以推动大兴区经济向前发展的新动力源。因此要积极组织文化创新创意活动，鼓励全员创新、万众创新，为大众灌输创新理念，深化创新意识，激发大众的创新思维，以此发掘更多的创新型人才。

探索建立创新型人才激励机制。加大对高新技术、电子科技及前沿科技人才的引进力度，建设创新型人才交流平台；针对具有创新能力的人才建立专项基金，并引向创新型企业，以适应企业的长远利益和对创新的需求；探索建立公平、高效的工资分配及管理制度，如年薪制、创新成果累积激励机制，将薪酬与绩效挂钩，使收入向创新型人才倾斜，以激发大众注重创新和发明创造的意识，让知识、科技、人才等要素在收益上得到公平合理的分配；同时企业要将未来的发展目标与创新型人才的专长领域结合起来，确定好创新战略与发展目标，只有达到相互融合、步调一致，才能实现协同发展。

（3）打造创新型区域，营造区域创新氛围，提升大兴区整体科技创新水平，为大兴区经济新动能的培育和发展提供区域发展条件。

一要在区域内搭建相关产业技术服务平台，借此增强企业间的协同创新能力，通过资源共享、优势互补实施重点领域的发展战略，实现产业链条的联动发展。大兴区位于北京南部，南邻河北廊坊、保定，可依托处于北京外环的天然优势和区域比较优势，加强与周边优势企业的联系与合作，借此平台调整产业布局，延伸产业链条，这也有利于提高京津冀协同一体化发展水平。促进产业集聚集群式发展，形成"虹吸效应"，有利于聚集产业资源，增强产业间的专业化协作水平，使生产要素发挥最大的经济效益，实现经济集约高效发展。

二要抓住科技革命和产业变革的机遇，壮大大兴区的医药制造业，计算机通信和其他电子设备、仪器仪表制造业，发展高端制造业和以大兴国际机场为引领的航空枢纽高端服务等高新技术产业新业态，将自身打造成一个服务临空经济区的创新型区域。顺应时代的变革和人们的物质或精神需求，重视核心技术的创新与突破，在发展新产品、新服务、新产业的同时升级改造原有产业，对信息技术、生物医药等支柱产业加大研发力度，着重攻克阻碍产品升级换代的技术难题，为旧产品、旧产业注入新活力，实现旧动能向新动能的转变，以改善大兴区传统产业非高端化、产业生产率不高等问题，完善科技创新体系，改善经济发展的新动能不足等问题，带动一二三产业转型升级。

三要注重自主创新，在区域内设立有关产业设备、技术等方面的研讨平台或组织，对实现新突破的组织给予奖励，结合产业发展实际，合力打造具有大兴特色的品牌产业。同时，企业还可以联合政府、高校、金融机构等部门进行产业链合作，提供多元化服务，提高公共服务效率，从而优化大兴区的产业布局。通过创新资金链，强化内部协同合作，加大创新力度，在区域内构建创新型的高新技术或新型产业集群。

（三）新要素层面

（1）大力发展信息技术、智能制造、新能源与节能技术等多种新技术，为大兴区经济新动能的培育和发展提供强有力的技术支撑。

智能制造是培育和发展经济新动能的关键。人工智能是智能制造的重要支撑技术手段和软硬件融合的创新途径，智能制造不仅能与人工智能深度融合，还能基于新一代信息通信技术与先进制造技术深度融合。发展智能制造技术需要逐步完善智能制造标准体系，推动形成更多智能制造新模式；还要打造智能制造人才队伍，加快培育智能制造系统集成商，推动企业联合构建智能制造发展生态体系；加快智能制造基础建设，推动建设新型网络基础设施，打造工业互联网协同平台，使工业数据实现互通共用。

新能源产业与节能环保产业作为技术密集型和资金密集型产业，本身就离不开先进技术的研发和应用。针对这类产业，要健全经济激励性政策，建立专项研发基金，拓宽其融资渠道；要加强企业技术创新和自主创新，支持关键共性技术和新进制造技术研究；同时还要注重对生产要素的投入，提高回收利用、循环再生、填埋或焚烧处理等节能环保技术的发展水平，并探索大兴区水电、热力、燃气等供应体系的最优供应模式，建立绿色高效的能源供应体系。

把握进出口贸易博览会、交流会等机遇，吸纳学习先进的管理经验、科学技术、业务流程等知识，不断优化产品与服务，进而提高产品附加值。通过技术交流平台等途径进行技术革新，将新技术运用到产品制造与产业发展的实际中，带动信息技术、生物医药、机器人、高端装备、仪器仪表制造等高端制造业发展。在临空经济区的规划建设中，注重航空科技创新，将新技术运用到航空航天器及设备制造、航空保障服务、航空运输辅助活动等业务中，为特色业务做好技术服务。

此外，还可结合信息技术等新技术探索"互联网＋工业""互联网＋农业"的发展模式，壮大互联网产业经济，如优化大兴农副产品线上交易平台，创建更高水平的电子商务平台，对库存、资金流、订单等信息进行监控，完善交易售后服务，以一流的品质与服务打造大兴品牌，实现第一二三产业的融合发展。

（2）加强新人才队伍建设，注重对人才的吸引和培养，积极招才引智，为大兴区进一步培育和发展经济新动能做好人才储备。人才建设是促进大兴区产业结构不断优化、达到产业发展新高度的基础保障。

注重对人才的吸引和引进。针对信息传输、软件和信息技术服务业、科学研究和技术服务业等高端产业，建立高端人才和专业型复合型人才引进模式，创新对国内外相关类型人才的引进政策，放宽人才的准入限制。如支持外籍高层次人才来当地工作，并为高层次人才提供专门的工作站、专属高端公寓、职称评定、配偶工作、子女教育等待遇。异地高层次人才可利用大兴区便捷的交通优势方便其在周一乘坐高铁等交通工具上班，周末返回，在提供高端住所的基础上为其报销往返费用，在政策上尽可能为高层次人才解除顾虑。

注重人才培养与队伍建设。积极实施人才发展战略，打造一批包含科技领军人才、青年科技人才、战略科技人才的创新团队；鼓励大兴区的高等院校和培训机构等开展技术技能培训、创新创业培训，打造创新发展试验区；与科研机构、科技企业进行合作，探索校企合作的人才培养模式，利用大兴区的众多高校加强相关学科专业建设，进行联合办学；搭建人才交流平台，探讨人才培养模式，搭建一个自然、公平的人才竞争环境，通过专业的培训学习和考核激励，提高人才的专业素养和综合能力，打造一个强势的人才队伍。

完善人才投入政策与体系。政府首先要重视人才在科技创新中的地位，切实承担起财政重任，把人才投入作为财政保障的重中之重。根据大兴区发展经济新动能对人才的实际需求，合理确定人才等级结构，切实承担起财政支出责任，避免人才同质化和财政重复支持，提高人才投入效率。

创新人才激励政策。在区域内营造一个利于各类人才脱颖而出、阶梯式发展并且能够自由流动的政策环境。建立合理有效的绩效考核与评估机制，根据绩效决定奖励程度；对于高端紧缺人才，可实行科技成果转让政策，并对其科研成果给予奖励；对于处在企业关键位置的高层次人才，可通过股权期权制或工资谈判制对高层次人才进行激励。总之，对新人才的激励要从物质、精神、未来发展等方面共同实施。

（3）在融资方面进行体制改革，为大兴区经济新动能的培育和发展打通融资渠道。

壮大民间金融组织。大兴区的民间金融环境还存在诸多威胁与挑战，在体制规范和法律约束上还有很多漏洞和盲区，如一些非法融资机构在利益的驱使下，越过法律的界限，以高利贷等不合理的利率压榨企业，破坏市场秩序，一些民间金融组织甚至都没有获得政府的许可和批准。在资本市场日益活跃的今天，经济发展离不开民间资本的支持，但首先要做的是强化监管，通过改进相关法律法规，整治不良风气，规范民间资本的秩序，建立起与其发展相匹配的服务体系，使庞大的民间资本在法律条例和良好社会风气下发挥出应有的带动作用。

在融资渠道上，可联合相关部门搭建融资平台。搭建科技金融服务平台，通过金融基础服务平台整合各方金融资源，汇集科技银行、保险公司、证券公司、基金管理公司、其他金融机构等各方资源，使金融与科技结合起来，为投融资供需双方的对接提供平台路径支持，打造具有较大辐射效应的区域科技金融创新中心，以带动优化大兴区整体的投融资环境（见图12-1）。

优化服务机制，不断完善直接融资体系。建立一批成熟稳定的中介服务机制，保证信息的可靠性和透明度，能运用先进的信息技术等手段扫清信息盲区，为中小企业、科技企业等提供真实、详细的信息参照，在中间起到润滑作用。对创投企业加大管理力度，为其与金融机构、政府部门提供更便利的交流路径，助其形成相互依赖、信任的合作关系。

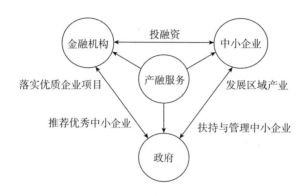

图 12 - 1 科技金融服务平台运作模式

由于大兴区金融企业数量不多，金融体系和融资体制也不健全，金融机构惜贷、拒贷的现象广泛存在，这引发了中小企业融资难、融资贵等问题，也大大提高了企业的融资成本，影响了大批企业后续的业务运行。针对这些现象，金融机构可根据企业性质出台一些个性化的融资方案，对其进行考核评价后实施有针对性的融资政策，助力企业进一步发展。另外，还可通过规范区域性股权市场，结合融资政策，降低融资门槛，为中小企业融资提供各类资金支持，为股权市场注入新的经济活力。

（四）新产业层面

（1）升级改造现代农业，发展大兴新型特色农业。

探索发展循环、绿色的生态农业。使用天然农药、可降解地膜等无公害、绿色、生态高效的农资，同时提高农膜的回收效率，并对秸秆进行综合利用，加快解决农业农村环境中的突出问题，逐步建立环境友好型农业；改变粗放式的化学办法种植，可利用间作套种等途径，如豆科与禾本科间作套种，可直接利用空气中的氮源，建设可循环的生态农业；种养结合，种地养地，调整好各类农作物的轮休期，合理规划利用农耕作息规律才能提高生产效率；深化培育大兴区特色农作物的品种，丰富农产品种类，以生态农业提高农产品的产量与品质，发展智慧型生态农业新业态。

积极探索发展信息化、工厂化的创意农业。在升级改造传统农业的过程中，要鼓励引导农户和农业企业利用互联网和现代信息技术改造生产模式、管理模式、服务模式，推动"互联网＋"现代农业在农作物种植生产、运营管理、配套服务等领域中全面实施；结合物联网对农林牧渔等进行改造升级，探索科学、高效、智能、精细的种植养殖模式；结合大数据、云计算等高科技技术手段在农业生产的各个环节开展监测、风险预警、信息共享等工作，不断健全完善农业信息监测预警体系，使上下游的信息交互达到互联共享。

提高新型农业经营主体能力。鼓励农户、农业企业、农业合作社等运用互联网等信息技术手段，通过互联网链接顾客需求，以销定产，不断拓宽农副产品销售渠道；提高经营电商的能力，使互联网与农村经济达到有机融合，带动农村一二三产业融合发展，推动大兴区农业经济转型升级；发挥电子商务在为民增收、带动消费升级、提高消费能力方面的作用，加强与农产品龙头企业在电商、物流、服务等环节的合作，实现线上线下融合发展。

（2）发展现代制造业，以产业升级驱动大兴区培育和发展经济新动能。

制造业大致分为加工制造业和装备制造业。制造业正逐渐从主要依靠劳动力转向依靠科技进步，现代制造业在微电子技术、现代数字化制造技术等的不断推动下实现了劳动生产率的提高。由于现代制造业对技术的要求较高，因此要不断革新技术，升级改造传统制造业，解决工艺老旧、效率不高等问题，扩大支柱产业的生产规模，提高工业产业生产率，实现相关产业规模化发展。另外，还要解决一些低端无效产能，防止产能过剩造成资源浪费或环境污染，为大兴区经济新动能的培育和发展腾出更大的空间。

加强统筹协调，合力发展大兴区的现代制造业。部门间需要协调配合、通力合作，协同推进现代制造业创新发展的工作机制，统筹好制造业的科技创新、产业化、市场应用等方面的工作，加强技术研发，推进工程化、产业化进程。生物工程与医药产业基地定址大兴，将聚集更多的生物医药产业智力资源，大兴区要坚持创新驱动，重视优势企业和人才团队的培育，强化产业协同创新体系建设，凝聚创新资源，借势发展生物工程与医药产业。

（3）发展现代服务业，优化第三产业结构，带动一二三产业融合发展。

依托大数据、物联网等技术发展现代服务业，创新产品管理、运营、营销新模式，对产业制造与服务进行全面监控，提高后续服务水准，招贤纳士，招商引资，将大兴区打造成国际服务的聚集高地。深入发展大兴区的航空客货运输、通用航空服务、航空运输辅助活动等航空业务，为大兴国际机场做好配套服务。结合大兴区的特色创意农业，开设农事体验等游玩项目，打造具有庄园风情的都市型田园农业，深化发展旅游服务业，使旅游服务业与农业、工业等产业深度融合，通过经济新动能推动大兴区产业结构优化升级。

加快发展生命健康产业。深化医疗卫生体制改革，区分基本健康服务与非基本健康服务，推动医疗教育培训、医疗器械交易、医疗中介服务、医疗保健旅游等领域的发展，扩大服务业市场的发展空间。聚焦有潜力的前沿领域，抢占制高点，如医疗美容行业、口腔医疗行业等需求旺盛、发展潜力巨大的领域。促进跨界融合发展，以拓展产业的发展空间，如医养结合，将一些需要医护的老人转移到医养结合机构以提高医院的资源利用效率，促进健身机构向运动医学机构升级。

大力发展新媒体产业。大数据、云计算、移动互联等新技术的应用为新媒体产业的发展提供了崭新的技术平台。大兴区拥有国家新媒体产业基地，可借此不断拓展产业链，如完善数字出版产业创新机制；探索电子书领域新的发展空间；推动自媒体发展进入新阶段；探索新的出版营销模式。

创新金融服务，推动金融服务惠普化、绿色化发展。结合互联网、物联网、人工智能、区块链、大数据等现代金融科技手段，提高金融服务的效率和水平；结合"互联网＋""标准化＋"等发展战略，进行信贷结构调整，将更多的金融资源投放到新动能培育的重点领域和关键环节；建立大兴区绿色金融服务中心，整合区域内的资源，推动金融企业创新创业，以此提高金融机构放贷积极性，为中小微企业降低融资成本，解决融资难、融资贵等问题。

（4）培育和发展高新技术产业，通过发展新业态新模式为大兴区的经济发展注入新动能。

利用这一阶段科技革命和产业变革，大力发展信息技术、机器人、高端装备制造等高新技术产业，根据区域内各类企业在新兴领域的发展排名，发挥区域内各行业翘楚的带头作用，针对区域内的弱势产业如信息技术产业等进行相应的技术、管理等方面的指导，在新兴领域打造一批支柱性产业，引领大兴区产业在新兴领域发展壮大。

加速培育高新技术、新型产业集群，形成大兴区产业核心竞争优势，进而培育和发展经济新动能。着重发展航空航天器及设备制造、生物医药、高端仪器仪表制造、电子科技等新兴领域，因地制宜，在深化发展现代制造业的同时为第三产业打好辅助，这在一定程度上有利于发展经济新动能。

发展废弃资源综合利用业，对这类企业给予特殊政策优惠，发展循环经济，促进资源高效利用，倡导各企业节约资源。注重重点行业的清洁生产，倡导资源循环利用、废弃物循环再造、使用清洁能源等理念，提高资源利用率，优化工业产业生产环境。完善环境监督管理机制，以此督促企业自律，激发企业探索资源高效利用的生产方式，发展以清洁能源等新能源生产为主的绿色集约高效的生产模式。

发展绿色产业，在谋求经济发展的同时更加注重大众的精神文化需求，通过生态建设合理规划城市绿色空间，打造宜居环境，升级改造大兴区的电力、热力、燃气及水生产和供应业，建立绿色高效的能源供应体系，倡导低碳循环经济，结合大兴区地广而平的特点构建一个蓝绿交汇、清新减压的生态城区；发展废弃资源综合利用业，打造生态循环的产业发展环境，助力大兴区经济新动能的发展；发展智慧产业，围绕临空经济区打造智慧城市，为大兴区第一二三产业的发展提供智力支持。

（五）新市场层面

（1）通过消费需求带动优化需求结构，以需求拉动经济增长，拓展各类消费市场，加快大兴区新动能的培育和发展。

居民收入水平的提高能够带动消费结构转型升级。由于人们越来越倾向于个性化、体验化、多样化的消费，追求高品质的产品和服务，对普通物质的消费有所减少，因此要不断调整和完善供给体系，使消费需求与供给体系相互促进、相辅相成，不断契合并延伸大众的消费需求，以新热点、新动向带动大兴区经济新动能的培育和发展，形成绿色、智能、健康的消费导向。

农业上，不断优化调整农业生产结构和资源配置，淘汰掉落后的产能和生产方式，加大对特色农产品的培养力度，对农产品进行"提档升级"，同时延伸农产品产业链，逐渐形成品牌化、绿色化的农业品种；发扬工匠精神，不断钻研提高农产品的品质和市场竞争力，将市场导向从以中低端产品为主转向以不断适应需求变化的中高端产品为主，顺应市场新需求，引领市场新需求。

积极开拓服务型消费市场。开发高品质、独具特色的产品，满足顾客对品质、工艺、性能、个性的综合追求；发展文化娱乐、在线教育等服务型消费，满足人们日益增长的精神文化需求；作为北京最大的城市发展空间预留地，大兴区可开拓休闲、旅游等服务业，为城区居民提供减压的场所和环境；围绕老年人和婴幼儿这两类特定人群，利用大兴区天然的区位优势，针对老年人发展医疗护理与保健、老年教育等行业，营造医养结合的宜居环境，针对婴幼儿发展亲子活动与婴幼儿教育等行业，为育儿提供场所与服务，扩大生产儿童玩具、服饰等婴幼儿必需品，满足二孩政策激发的这类需求；利用大数据、互联网、区块链等技术，深入发展远程医疗、电子商务、信息技术服务等技术含量高且前景广阔的行业，不断培育和壮大新兴产业，并带动经济新动能的发展。

在新媒体的广泛运用下，"网红经济"应运而生，可借此开拓时尚消费市场。一条完整的新媒体产业链包括内容提供商（如自媒体创作者）、软件技术供应商、网络运营商、平台提供商、终端提供商（如手机、平板等），还包括受众、监测机构及营销机构。而成为电商作为网红经济的主要变现方式，新媒体产业链催生出了众多专业的网红孵化企业，这些企业通过社交引流、孵化器捧红、供应链支持、电商运营将网红、粉丝和电商联系在一起。女性是网购的主力军，这使得化妆品、服装在时尚消费品中占很大比重。同时，在网红产业的发展下，医疗美容、电子竞技、媒体内容制作等领域都迎来了新的发展机会。

（2）以投资需求带动优化需求结构，为新消费市场做好牵引与补充。

在投资主体上，可借助大兴区良好的经济基础和区位优势，积极招商引资，在产业和政策等方面引起民间投资主体的关注，以此吸引非国有经济主体的投资，分散国有经济投资的比重，不断丰富投资主体，实现投资主体多元化。在投资结构上，将投资方向侧重于航空科技创新、航空保障服务、信息传输、电子软件、信息技术服务、科学研究和技术服务等具备发展潜力的高新技术产业和新兴服务业上，对其加大投资力度，并协调其他产业的投资布局，不断优化投资结构，以投资驱动挖掘高端产业的发展潜力，探索新兴领域的发展空间，以促进大兴区经济新动能的培育和发展。

（3）以出口需求带动优化需求结构，服务新消费市场。

依托大兴区良好的工业基础，结合大兴国际机场等交通优势，积极实行对外开放政策，响应"一带一路"倡议号召，坚持"引进来"与"走出去"相结合，在重点领域和高科技领域加大对外开放力度，提升对外开放水平。加强国际间合作，在全球范围内对资源、业务流程、产业链进行整合优化，提高在国际上的产业分工地位。针对大兴区的航空科技创新、航空航天设备制造、生物医药等特色产业，积极招引外资，吸引跨国公司或科技企业入驻，通过技术交流与合作，促进产业转型升级。

以新开放推动经济新动能发展。"一带一路"倡议的实施使我国与沿线各国在政策沟通、设施联通、贸易畅通、资金融通等方面取得了显著成效，整体上推动了我国开放型经济的发展。利用首都资源和区位优势，通过进出口贸易有效改善大兴区产业发展的不足，同时也可以激励促进一批企业做强做大，起到补弱增强的效果。在这个互动过程中，也会迸发出一些新业务新行业，从而满足不同的新消费市场需求，这对大兴区经济新动能的培育和发展起着至关重要的作用。

参考文献

［1］白美，侯连涛，岳海鸥等．山东省新旧动能转换的问题与对策［J］．科技视界，2018（32）：52－53.

［2］北京市大兴区统计局，等.2016 新区（大兴——开发区）统计年鉴［M］.2016.

［3］北京市大兴区统计局，等.2017 新区（大兴——开发区）统计年鉴［M］.2017.

［4］北京市大兴区统计局，等.2018 新区（大兴——开发区）统计年鉴［M］.2018.

［5］北京市统计局.2017 年大兴区国民经济和社会发展统计公报［R］.2017.

［6］北京市统计局.2018 年大兴区国民经济和社会发展统计公报［R］.2018.

［7］北京市统计局.2019 年大兴区国民经济和社会发展统计公报［R］.2019.

［8］曹健．新旧动能转换背景下山东战略新兴产业金融政策支持研究［D］.青岛大学，2019.

［9］迟树功，王吉刚，王占益．新旧动能转换研究［M］．北京：经济科学出版社，2018.

［10］单东．不能以"民本经济"和"民有经济"代替"民营经济"［J］．特区经济，2003（12）．

［11］樊纲．发展民间金融与金融体制改革［J］．上海金融，2000（9）：4－6.

［12］干春晖．2017中国产业发展报告——新旧动能转换［M］．上海：上海人民出版社，2017.

［13］高珂．我国经济动能转换的财政政策研究［D］．中央财经大学，2018.

［14］高兰根，王晓中．中国金融制度演进的逻辑与困境——兼论民营经济融资困境的制度根源［J］．金融研究，2006（6）：170－178.

［15］龚晓菊．改革开放以来民营经济发展研究［D］．武汉大学，2005.

［16］辜胜阻，李俊杰，郑凌云．我国民营经济的发展趋势和战略转型［J］．宏观经济研究，2006（1）：14－16.

［17］郭今萃．民营经济三十年所取得的成就［J］．中共太原市党委校学报，2009（4）：33.

［18］国家统计局社会科技和文化产业统计司，科学技术部战略规划司．中国科技统计年鉴2019［M］．北京：中国统计出版社，2019.

［19］何金泉．中国民营经济研究［M］．四川：西南财经大学出版社，2001：37.

［20］贺文华．新常态下民营中小企业融资困境及融资方式研究［J］．邵阳学院学报（社会科学版），2018，17（1）：34－42.

［21］鞠炳尧，张忠慧．民营经济发展中存在的问题与对策研究［J］．商场现代化，2014（3）：188－189.

［22］康立，吴韉．制度变迁与民营经济融资渠道拓展［J］．中南财经大学学报，2001（2）：91－96.

［23］孔宪香．以创新驱动加快山东新旧动能转换研究［M］．北京：经济科学出版社，2018.

［24］李德荃．加快动能转换打造经济增长"双引擎"［J］．山东国资，2019（7）：29－30.

［25］李光红，彭伟华．企业创新与成长——新旧动能转换视域［M］．北京：中国经济出版社．2018.

［26］李清亮．中国民营经济发展研究［D］．复旦大学，2012.

［27］李佐军．中国经济将加速新旧动能转换［N］．经济参考报，2017－12－27（008）．

［28］刘华伟．新旧动能转换需厘清的几个问题［N］．菏泽日报，2019－03－20（006）．

［29］刘怀山．中国民营经济发展模式的制度经济学分析［D］．西北大学，2009.

［30］刘建新．大兴区现代服务业发展现状研究［J］．现代商业，2016（17）：97－98.

［31］刘玲，陈靓，赵芳洁．北京大兴区域旅游与文化结合创新发展策略研究［J］．绿色包装，2018（12）：67－71.

［32］刘现伟，文丰安．新时代民营经济高质量发展的难点与策略［J］．改革，2018（9）：5－14.

［33］刘学勇．北京大兴电商产业发展现状及趋势［J］．中国国情国力，2020（1）：37－40.

［34］刘勇．我国民营经济发展存在的问题及对策分析［J］．武汉冶金管理干部学院学报，2009，19（1）：15－19.

［35］卢少辉．金融抑制下我国中小企业海外上市融资的机遇与对策［J］．福建论坛（人文社会科学版），2005（7）：95－98.

［36］马广海．安徽省经济发展新动能统计研究［D］．安徽财经大学，2020.

［37］马越．青海省经济高质量发展新旧动能转换路径研究［J］．经营与管理，2020（4）：139－142.

［38］彭超．培育农业农村发展新动能——新产业、新业态与新机制［M］．北京：中国农业出版社，2019.

［39］乔忠奎，孙秀梅，孔祥德，等．山东省实体经济新旧动能转换的影响因素及对策研究［J］．经济研究导刊，2019（12）：52－55，63.

［40］上海市人民政府发展研究中心．上海经济发展新动能研究［M］．上海：格致出版社，2020.

［41］史惠文．打造支持经济增长新动能的金融引擎［J］．当代金融家，2017（11）：144－145.

［42］宋子鹏．创谋新发展　改革谱新篇——"十二五"时期广东民营经济发展情况分析［Z］．2016.

［43］孙丽文，米慧欣，李少帅．创新驱动新旧动能转换的作用机制研究［J］．河北工业大学学报（社会科学版），2019，11（1）：22－28＋49.

［44］王磊．推动民营经济高质量发展的制度创新研究［D］．中国社会科学院研究生院，2019.

［45］王漪．大兴区打造城南发展新高地［J］．投资北京，2019（2）：54－56.

［46］王志凯．民营经济对高质量发展的重要意义探析［J］．国家治理，2018（4）：3－13.

［47］吴玲蓉．我国民营经济发展中的主要问题与对策研究［D］．华东

师范大学，2012.

［48］吴清江．加快推进山亭区新旧动能转换工作调研报告［J］．经济研究导刊，2020（13）：124 - 126.

［49］谢伦盛．广东省民营经济发展环境研究——基于交易成本视角［D］．华南理工大学，2015.

［50］新动能新产业发展报告 2017［M］．北京：中国统计出版社，2017.

［51］邢贺扬．以文化兴大兴区政协委员共话文化产业发展［EB/OL］．人民政协网，2016 - 12 - 21. http：//www. rmzxb. com. cn/c/2016 - 12 - 21/1232626. shtrnl.

［52］徐建伟．中部地区产业转型升级和新旧动能转换研究［J］．宏观经济管理，2018（3）：67 - 71.

［53］阳小华．民营经济内涵问题探析［J］．江汉论坛，2000（5）：38 - 40.

［54］杨海燕．我国民营经济发展的非正式制度分析［D］．首都师范大学，2008.

［55］余东华．以"创"促"转"：新常态下如何推动新旧动能转换［J］．天津社会科学，2018（1）：105 - 111.

［56］余力，孙碧澄．民营经济发展的融资困境研究——基于金融抑制视角［J］．学术研究，2013（9）：83 - 88，159 - 160.

［57］余丽平，江晨颖．以数字经济培育经济发展新动能——基于江西省上饶市的实践［J］．知行铜仁，2020（1）：19 - 22.

［58］余青山．找准促进民营经济高质量发展着力点［N］．黄冈日报，2019 - 08 - 21（006）.

［59］袁恩桢．"国进民退"与"民进国退"的争议背后［J］．探索与争鸣，2010（6）：48.

［60］翟文康，李芯锐，李文钊．界面重构：迈向超大城市有效治理的路径选择——以"接诉即办"的大兴经验为例［J］．电子政务，2020（6）：42－54.

［61］张杰．民营经济的金融困境与融资次序［J］．经济研究，2000（4）：3－10，78.

［62］赵春欢．河北省新动能培育的风险识别问题研究［J］．现代营销（经营版），2020（1）：45－46.

［63］赵丽娜．产业转型升级与新旧动能有序转换研究——以山东省为例［J］．理论学刊，2017（2）：68－74.

［64］钟晓辉．科技金融视角下地方经济动能转换问题研究［D］．吉林大学，2020.

［65］朱鹏华，王天义．民营经济是我国经济制度的内在要素——习近平总书记关于社会主义基本经济制度的创新和发展［J］．中共中央党校（国家行政学院）学报，2020，24（4）：29－36.

［66］庄聪生．十九大标志中国民营经济迎来新历史机遇　进入新发展阶段［J］．中国中小企业，2017（11）：22－25.

附　录

附录一　国务院办公厅关于创新管理优化服务培育壮大经济发展新动能加快新旧动能接续转换的意见

国办发〔2017〕4号

各省、自治区、直辖市人民政府，国务院各部委、各直属机构：

当今世界，新一轮科技革命和产业变革呈现多领域、跨学科、群体性突破新态势，正在向经济社会各领域广泛深入渗透。我国经济发展进入新常态，创新驱动发展战略深入实施，大众创业万众创新蓬勃兴起，诸多新产业、新业态蕴含巨大发展潜力，呈现技术更迭快、业态多元化、产业融合化、组织网络化、发展个性化、要素成果分享化等新特征，以技术创新为引领，以新技术新产业新业态新模式为核心，以知识、技术、信息、数据等新生产要素为支撑的经济发展新动能正在形成。加快培育壮大新动能、改造提升传统动能是促进经济结构转型和实体经济升级的重要途径，也是推进供给侧结构性改革的重要着力点。为落实党中央、国务院决策部署，破解制约新动能成长和传统动能改造提升的体制机制障碍、强化制度创新和培育壮大经济发展新动能、加快新旧动能接续转换，经国务院同意，现提出以下意见。

一、总体要求

随着全球创新创业进入高度密集活跃期，人才、知识、技术、资本等创新资源全球流动的速度、范围和规模达到空前水平，创新模式发生重大变化，生产、流通、分配、消费的新模式快速形成。在经济发展新动能加快壮大的同时，技术创新供给不足、制度创新供给不够等制约因素凸显，特别是一些经济领域管理规则已经不适应新的发展趋势，迫切需要加快制度创新步伐，营造包容支持创业创新和推动传统产业提质增效的制度环境。

（一）指导思想

牢固树立和贯彻落实创新、协调、绿色、开放、共享的发展理念，坚持以推进供给侧结构性改革为主线，着力振兴实体经济，深入实施创新驱动发展战略，大力推进大众创业万众创新；深化简政放权、放管结合、优化服务改革，进一步优化公共服务、创新行政管理，与时俱进、顺势而为、主动求变，促进制度创新与技术创新的融合互动、供给与需求的有效衔接、新动能培育与传统动能改造提升的协调互动。

（二）基本原则

——突出改革引领。强化从供给侧突破的意识，发挥市场在资源配置中的决定性作用，进一步激活市场机制，放宽政策限制，主动改变不适宜的监管理念、管理模式和政策体系，加快人才、金融、技术等要素市场改革，维护公平竞争，打破新主体进入市场的制度瓶颈，扩大群众就业和创造财富新空间。

——实施创新驱动。强化鼓励创新、宽容失败的意识。摆脱跟随发展的路径依赖，着力原始创新和颠覆性创新，保护和激发干事创业的积极性和创造性，主动构建激发创新活力、推广创新成果、支持业态创新的体制机制，以更大的力度促进知识和智力资源尽快实现经济价值，加快塑造更多依靠创新驱动、更多发挥先发优势的引领型发展新格局。

——优化服务理念。强化主动服务、效率优先的意识，更好发挥政府在新动能培育中的作用。大幅减少事前行政审批、健全事中事后监管，变管理为服务，进一步提升行政审批、法规调整、政策支持、标准规范、资源开放等方面政府服务的科学性、灵活性和针对性。创新服务机制，推进重心下移，及时主动解决阻碍新动能释放的矛盾问题，提供更加便捷高效的政府服务。

——着力融合发展。强化向实体经济聚力发力的意识，提升新动能对传统动能的带动作用。以提高质量和核心竞争力为中心，加快利用新技术、新业态改造提升传统产业，创造更多适应市场需求的新产品、新模式，促进覆盖一二三产业的实体经济蓬勃发展。

——坚持底线思维。强化开放共治与防控风险并重的意识，推进以信用管理为基础，以防范区域性、系统性风险和保护消费者合法权益为底线的新型管理模式，为释放新动能创造更加广阔的空间。

（三）目标任务

构建形成适应新产业新业态发展规律、满足新动能集聚需要的政策法规和制度环境。创新驱动发展的体制环境更加完备，全社会创业创新生态持续优化，人才、技术、知识、数据资源更加雄厚，有利于新供给与新需求衔接的市场机制基本形成，政府服务的响应速度和水平大幅提升，包容和支持创新发展的管理体系基本建立。

通过一段时间努力，以分享经济、信息经济、生物经济、绿色经济、创意经济、智能制造经济为阶段性重点的新兴经济业态逐步成为新的增长引擎。制造业新模式、农业新业态、服务业新领域得到拓展深化，产品和服务价值链大幅提升，传统动能焕发新活力。新旧动能实现平稳接续、协同发力，资源配置效率和全要素生产率大幅提升，实体经济发展质量和核心竞争力显著提高，支撑经济保持中高速增长、迈向中高端水平，在全球范围内优化配置创新资源，在更高水平上开展对外合作，新的经济发展动力得到强化，新的经济结构和增长格局逐步形成。

二、提高政府服务的能力和水平

主动适应新动能加速成长和传统动能改造提升的需要，加快转变政府职能，为加快实施创新驱动发展战略、推进大众创业万众创新清障搭台，优化服务流程，拓展发展空间，提高服务新兴经济领域市场主体的快速响应能力和水平。

（四）提高行政审批服务效能

优化对新兴经济领域市场主体的审批服务。适应新经济领域市场主体变化快、业态新、规模小等特点，及时将新业态、新产业纳入统计调查，支持政策清单。进一步深化商事制度改革，推进工商注册便利化，扩大简易注销试点。简化商标注册手续，优化注册流程，完善审查机制。优先对新业态实行"证照分离"改革试点。在工商登记中推进"多证合一"，取消不必要的行业门槛限制，消除隐性壁垒，切实解决"准入不准营"问题。全面应用全国投资项目在线审批监管平台。研究推广对不需要新增建设用地的技术改造升级项目实行的承诺备案管理制度。推广"互联网＋政务服务"，普及网上预约、审批、咨询，全面实行并联审批、阳光审批、限时办结等制度，提高审批协同性，持续改进对小微企业、初创企业的服务，通过有效的简政放权进一步释放发展新动能。（国家发展改革委、工业和信息化部、工商总局、国家统计局等部门按职责分工负责）

（五）加快法规政策标准动态调整

推进法规制度适应性变革。强化"立改废"协调，抓紧修改、废止阻碍新产业新业态发展的规定。各主管部门要对制约新产业新业态发展的规定进行清理，及时提出修改、废止或暂时停止实施法律、行政法规的具体建议方案和理由，按程序报批后实施。涉及现行法律修改、废止或暂时停止实施的，由国务院提请全国人大或其常务委员会修改、废止或暂时停止实施；涉及行政法规修改、废止或暂时停止实施的，由国务院决定修改、废止或暂时停止实施，并及时向社会公布。根据新动能成熟程度，合理制定新的法规规定，确保相关监管职权法定、市场行为有法可依。（国务院法制办牵头负责）

建立相关标准动态调整机制。发挥企业标准、团体标准的积极作用和认证认可对标准调整的推动作用，建立适应技术更迭和产业变革要求的标准动态调整和快速响应机制。及时向全社会公开相关标准制定和修订情况。（质检总局牵头负责）

放宽新兴经济领域政策限制。优化多层次资本市场发行上市及挂牌条件。实现信用评价与税收便利服务挂钩，将优惠政策由备案管理和事前审批，逐渐向加强事中事后监管转变，提高中小企业优惠政策获得感。健全适应新兴经济领域融合发展的生产核算等制度。在部分新兴经济领域探索实施特殊管理股制度。（国家发展改革委、科技部、工业和信息化部、财政部、税务总局、工商总局、证监会、国务院法制办等部门按职责分工负责）

完善新业态就业社保政策。适应新业态的就业和用工特点，调整完善就业、劳动用工和社会保险等法规政策。完善各类灵活就业人员参加社会保险的办法和管理措施，制定完善相应的个人申报登记办法、个人缴费办法和资格审查办法。（人力资源社会保障部牵头负责）

（六）鼓励有条件的地方先行先试

推进新兴经济领域的权责下移试点。依托全面创新改革试验区域和国家自主创新示范区、国家综合配套改革试验区、自由贸易试验区等区域，按程序经全国人大或其常务委员会授权，允许地方按法定程序暂停执行国家相关法律法规制度，支持地方在物流、教育、旅游等领域系统性风险小的方面，结合本地实际研究出台有利于发展新产业新业态的地方性管理制度。构建网络化、多渠道、互动式的新动能发展瓶颈问题收集反馈机制，根据企业发展的不同阶段和不同困难，因地制宜研究解决涉及的政策问题。强化改革试点评估评价，适时修订产业管理和支持政策。推动地方在质量技术等基础方面改革创新，支持打造新产业新业态区域品牌。（国家发展改革委、教育部、科技部、交通运输部、商务部、质检总局、国务院法制办、国家旅游局等部门按职责分工负责）

（七）提高创业创新服务效率

建立创业创新绩效评价和容错试错机制。建立有利于提升创业创新效率的科研管理、资产管理和破产清算等制度体系。研究建立有利于国有企业、国有资本从事创业投资的容错机制，出台激励国有企业加大研发投入力度、参与国家重大科技项目的措施办法。（国家发展改革委、教育部、科技部、财政部、国务院国资委等部门按职责分工负责）

提升面向创业创新主体的服务水平。为企业开办和成长"点对点"提供政策、信息、法律、人才、场地等全方位服务，密切跟踪新生市场主体经营发展情况，促进新生市场主体增势不减、活跃度上升。打破制约企业跨所有制、跨行业创新合作的限制，促进生产要素和生产流程共享，加快跨界融合、系统整合的创业创新生态圈建设。强化对重大科研设施和仪器、科研数据信息等开放共享的考核评价和政策激励机制。支持和鼓励有条件的质检技术机构面向社会开放，为各类科技园、孵化器、众创空间等提供全生命周期质量技术基础服务。（国家发展改革委、科技部、工业和信息化部、人力资源社会保障部、质检总局等部门按职责分工负责）

推进双创相关改革试验。建设好双创示范基地，汇聚各方力量合作搭建全要素、全创新链资源集聚的双创服务平台，实现科技研发、专业知识、工匠技能合作共享，树立区域、高校、企业双创发展样板，探索支持创业创新的有效做法，形成可复制、可推广的经验。积极打造制造业双创平台。促进众创空间专业化发展，进一步释放全社会创业创新活力。（推进大众创业万众创新部际联席会议成员单位按职责分工负责）

完善知识产权保护制度。进一步加大知识产权执法力度，提高知识产权侵权代价和违法成本，震慑违法侵权行为。研究完善新模式新业态创新成果保护制度，探索在线创意、研发设计、众创众包等新领域知识产权保护新途径。（国家知识产权局牵头负责）

三、探索包容创新的审慎监管制度

在新兴经济领域贯彻更加包容和鼓励创新的治理理念，推动从处理具体事项的细则式管理转变为事先设置安全阀及红线的触发式管理。加强协同配合、鼓励多方参与，引导新产业新业态健康有序发展，释放经济发展新动能，促进传统领域管理创新、转型升级。

（八）建立公平开放的市场准入制度

完善以负面清单为主的产业准入制度。对未纳入负面清单管理的行业、领域、业务等，各类市场主体皆可依法平等进入。针对新技术、新产业、新业态、新模式，本着降低创业门槛的原则，不急于纳入负面清单管理。进一步放开增值电信业务和基础电信运营领域准入。推进药品上市许可持有人制度试点。充分考虑分享经济特殊性，按照包容发展的原则，审慎研究信息中介服务平台企业的行业准入办法，加强事中事后监管。根据教育培训、健康医疗、交通出行等领域新业态的特征，调整优化准入标准，创新监管方式，鼓励商业模式创新。（国家发展改革委、教育部、工业和信息化部、交通运输部、商务部、国家卫生计生委、工商总局、质检总局、食品药品监管总局、银监会、证

监会、保监会等部门按职责分工负责）

（九）健全信用约束机制

按照强化信用约束和协同监管的要求，加快社会信用领域立法。完善全国信用信息共享平台和国家企业信用信息公示系统，规范市场主体诚信档案和信用信息采集、归集、公示、评价、应用、服务体系，加大失信行为曝光力度，强化失信联合惩戒，增强信用管理威慑力。（国家发展改革委、人民银行牵头负责）

（十）探索动态包容审慎监管制度

坚持建设发展与管理管控相结合，量身定做监管制度，逐步完善已形成规模、影响力较大的新产业新业态的监管制度体系。探索对跨界融合新产品、新服务、新业态的部门协同监管。实现信息互换、监管互认、执法互助，形成线上监管与线下管理协同配合、产品质量与应用安全协同监管的体制。（国家发展改革委、工业和信息化部、公安部、交通运输部、文化部、人民银行、海关总署、税务总局、工商总局、质检总局、新闻出版广电总局、食品药品监管总局、国家知识产权局、国家网信办等部门按职责分工负责）

针对新产业新业态的发展需要，加强对现有法规规定的修订和解释工作。推动出台电子商务法，以及个人信息保护、数据资源管理、新能源发电并网等新的法律法规规定。（国家发展改革委、环境保护部、商务部、国务院法制办、国家网信办、国家能源局等部门按职责分工负责）

建立适应互联网传播和用户创造内容趋势的新媒体内容监管机制。建立适应互联网条件下金融创新发展的金融监管机制。（国家发展改革委、文化部、人民银行、新闻出版广电总局、国家网信办、银监会、证监会、保监会等部门按职责分工负责）

优化创新药物和创新医疗器械审评审批程序，聘请更多有国际审评审批经验的专家学者参与评估和决策，加强审评队伍建设。加快制定新型诊疗技术临床应用技术规范，建立适应新技术新业态发展需要的新型管理机制。优化检验检疫流程，按照风险管控理念，调整监管方式，对出入境生物医药类特殊物品简化审批环节，优化审批流程，提高审批效率，完善事中事后监管。（国家卫生计生委、质检总局、食品药品监管总局等部门按职责分工负责）

推行动态审慎监管。包容处于发展初期的新业态发展。提高行业自律管理水平和能力，搭建企业与政府监管部门沟通协调桥梁，不断促进规范发展。在敏感领域，根据行业和企业申请对处于研发阶段、缺乏成熟标准或完全不适应现有监管体系的产品、服务开展并行研究和监测分析，同步研究科学有效的监管方法。（工业和信息化部、商务部、国家卫生计生委、工商总局、质检总局、食品药品监管总局、国家网信办、银监会、证监会、保监会等部门按职责分工负责）

(十一) 完善风险管控体系

优化风险管理机制。完善产业风险预警和分析体系，强化风险处置决策机制，提高对新兴经济领域潜在风险敏感性和突发情况快速处置能力。加强技术成熟度和技术风险评估。强化市场主体责任，加大惩罚性赔偿力度。（国家发展改革委、科技部、工业和信息化部、商务部、国务院法制办等部门按职责分工负责）

提高信息化治理水平。加强在线、移动、大数据监管能力和队伍建设，增强网上技术侦查、新产品检验检测、金融领域新风险防范、网络信息技术产品和服务安全审查等技术水平。完善公共管理和决策工具体系，缩短风险监测信息反馈周期。（国家发展改革委、工业和信息化部、人民银行、质检总局、国家网信办、银监会、证监会、保监会等部门按职责分工负责）

(十二) 构建多方参与的治理体系

促进监管机构和社会力量相互协作，完善新产业新业态治理结构。明确平台企业参与治理的法律依据，确定平台企业在知识产权保护、质量管理、信息内容管理、协助申报纳税、社会保障、网络安全等方面的责任和义务，建立政企合作事中事后监管新模式。针对分享经济发展带来的劳动者和消费者权益保护新问题，建立政府、平台、行业组织、劳动者、消费者共同参与的规则协商、利益分配和权益保障新机制。调动第三方、同业、公众、媒体等监督力量，形成社会力量共同参与治理的格局。（国家发展改革委、人力资源社会保障部、工商总局、新闻出版广电总局、税务总局、国务院法制办、国家网信办等部门按职责分工负责）

四、激发新生产要素流动的活力

培育新动能需要新的要素支撑。要加快相关领域改革，促进知识、技术、信息、数据等新生产要素合理流动、有效集聚，充分发挥其放大社会生产力的乘数效应。加速新技术新业态向传统领域融合渗透，全面改造提升传统动能。

（十三）完善智力要素集聚流动机制

激发人才流动活力。创新事业单位编制管理办法，完善相应的配套保障机制，破除制约高素质人才流动的体制机制障碍，赋予教师、医生、科研人员等更大的流动自主权。建立有利于国有企业在人力资源管理方面进行创客化、平台化改造的制度。各类城市都要在户籍或居住证等方面为新兴经济领域市场主体录用人才提供便利。建立健全有竞争力的人才吸引制度，解决海外回国（来华）人才办理户籍、投资置业、签证居留等方面的实际困难。（中央编办、教育部、科技部、公安部、财政部、人力资源社会保障部、农业部、国家卫生计生委、国务院国资委等部门按职责分工负责）

营造有利于创新型企业家发展的良好环境。激励勇于创新、敢于拼搏的企业家精神，依法保护创新收益和财产权。完善职业经理人市场，探索职业经理人社会化评价机制，建设专业化、市场化、国际化的职业经理人队伍。（国家发展改革委、科技部、国务院国资委等部门按职责分工负责）

营造有利于跨界融合研究团队成长的氛围。创新体制机制，突破院所和学科管理限制，在人工智能、区块链、能源互联网、智能制造、大数据应用、基因工程、数字创意等交叉融合领域，构建若干产业创新中心和创新网络。建成一批具有国际水平、突出学科交叉和协同创新的科研基地，着力推动跨界融合的颠覆性创新活动。（国家发展改革委、教育部、科技部、中科院等部门按职责分工负责）

（十四）完善数据资源开放共享制度

强化公共数据资源共享。完善政务信息资源共享管理办法，建成国家数据共享交换平台和全国统一的政务信息服务平台，开展全国政务信息资源普查，形成动态更新的政务信息资源目录，打破"数据烟囱"和"信息孤岛"，以共享为原则，加强政务信息资源统筹管理。建立国务院部门之间和中央与地方政府之间的数据沟通和分享机制。（国家发展改革委牵头负责）

健全政府信息公开和企业信息披露制度。根据数据安全属性，依据有关规定，积极稳妥地向社会开放政府数据。制定严格的个人信息保护法规和大数据安全监管制度，严厉打击非法泄露个人信息行为。（促进大数据发展部际联席会议成员单位按职责分工负责）

（十五）强化科技成果加速转化应用机制

推动科技成果有效转移转化。按照市场规则，优化高校和科研机构科技成果转移转化流程和办法，促进成果转化和科研人员创业。支持知识产权中介服务机构发展。充分利用发明专利申请优先审查制度，建立专利审批快速通道，便利技术市场交易，建立有利于科研人员利用科技成果进行创业的利益分配机制，形成科研成果转化的有效激励。（科技部、国家知识产权局牵头负责）

缩短科技成果转化周期。建立利用财政资金形成的科技成果包向社会定期发布推广制度。鼓励支持企业与高校、科研机构结成新型研发组织，在高校和科研机构建立市场化运作的科技成果转化平台，完善科技成果市场化转化机制。通过政府购买服务等方式加大对科技类社会服务机构的支持力度，强化对新技术、新产品、新成果导入阶段的金融支持，落实财税支持政策。（科技部、财政部、农业部、人民银行、税务总局等部门按职责分工负责）

（十六）创新新技术新业态改造提升传统产业的模式

深入实施"中国制造2025"，促进制造业研发、生产、管理、服务模式变革，提高制造业质量和效益。开展"中国制造2025"城市（群）试点示范。增强制造业创新能力，夯实工业基础，构建以智能制造为重点的新型制造体系。发展工业互联网等新基础设施。支持制造业与互联网融合发展新型生产方式，促进从生产型制造向服务型制造转变，构建供给与需求精准衔接的机制。（工业和信息化部牵头负责）

加快推进"互联网＋"行动，充分发挥我国互联网的规模优势和应用优势，加速推动互联网应用由消费领域向生产领域拓展，积极拓展物联网、云计算、下一代互联网、新一代移动通信等网络信息技术在设计、生产、运营等核心环节的深入应用，发展网络化研发、智能化生产、协同化制造和个性化服务。营造开放包容的发展环境，着力做优存量、提升增量，支持发展分享经济，探索以开放共享为特征的产业发展新模式。（国家发展改革委牵头负责）

编制重点技术改造升级项目导向计划，引导社会资金、资源等要素投向，采取产业投资基金等多种方式支持企业技术改造。针对不同领域，统筹采取多种模式，提升国家支持技术改造资金的使用效益。持续优化社会资本投资技术改造的政策环境。（国家发展改革委、工业和信息化部牵头负责）

加快推进农村一二三产业融合发展，延伸产业链，拓展多种功能，构建形成交叉融合的产业体系。利用互联网等新技术提升农业生产、经营、管理和服务水平。推动农业与旅游、教育、文化等产业深度融合，壮大农村新产业新业态，拓展农业新价值链。逐步建立农副产品、农资质量安全追溯体系。创新公益性农技推广服务方式，鼓励地方建立农科教、产学研一体化农业技术推广联

盟。（国家发展改革委、农业部牵头负责）

利用新技术推进服务业转型升级。加快建设跨行业、跨区域的物流信息服务平台，提升仓储智能化水平和冷链物流服务水平，发展物流新模式，推动降本增效和创新发展。鼓励传统商贸流通企业积极利用物联网、移动互联网、地理位置服务、大数据等信息技术提升流通效率和服务质量。发挥龙头企业作用，支持实体零售企业与电子商务企业优势互补，整合服务资源，促进线上线下融合发展。加快推动传统媒体与新兴媒体深度融合，提升文化企业网络服务能力。（国家发展改革委、商务部、文化部等部门按职责分工负责）

五、强化支撑保障机制建设

适应新动能培育和传统动能改造提升的新规律和新趋势，在组织保障、政府采购、金融支持、统计分析等方面，调整相关政策和制度安排，更好服务新产业新业态健康发展。

（十七）构建统筹协调的组织支撑

强化顶层设计和系统谋划。优化新产业新业态的行业管理和产业发展资源配置，健全新兴经济领域协调机制，强化分享经济、生命科学、绿色经济、智能制造、创新金融服务等方面的统筹协调，强化立法、执法和产业发展等职能的衔接。（国家发展改革委、中央编办牵头负责）

协同推进相关工作。各地区、各部门要积极研究涉及本地区、本领域的新动能发展问题，分领域制定培育壮大新动能工作方案。健全对有关地区、部门落实培育新动能相关政策措施情况和开展先行先试、探索创新情况的监督检查机制。加强对新动能发展的舆论宣传，引导正确认识、回应社会关切、防止不当炒作，营造健康发展环境。（国家发展改革委会同有关方面牵头负责）

（十八）完善采购等支持新技术应用的政策措施

强化政府采购支持创新的机制。制定符合国际规则的创新产品和服务采购支持政策。在满足提供公共服务和机构自身运转基本需求的前提下，加大对初创企业提供的新产品、新技术、新服务的采购力度。探索首购、订购等非招标方式，扩大前沿领域创新产品和服务的率先示范应用。（财政部牵头负责）

在政府部门和国有企业招投标活动中，不得以企业经营年限、注册资金等资质要求变相歧视新创办企业，逐步加大对新创办企业的支持。（国家发展改革委牵头负责）

完善优先应用新技术新产品的支持机制。深化医保支付方式改革，调整完善国家医保目录，及时将符合条件的创新药物按规定纳入目录范围，支持通过采用性价比高、疗效确定的创新药物降低医疗费用，大力发展商业医疗保险。面向新产业新业态发展需求，落实和完善首台（套）重大技术装备使用等鼓励政策。推进大型智能设备融资租赁。建立全面接纳高比例新能源电力的新型电力系统，出台全额保障性收购管理细则。强化产品、技术、工程、服务"走出去"的协调互动，创新方式支持和拓展我国有竞争力的新技术、新产品海外应用。（国家发展改革委、工业和信息化部、财政部、人力资源社会保障部、商务部、银监会、保监会、国家能源局等部门按职责分工负责）

（十九）优化金融支持体系

调整完善创业投资法规政策，激励引导创投机构加大对新创办企业的投入比重。充分发挥政府各类创业投资引导基金和产业投资基金作用，对符合投向的新兴经济领域创新型企业给予支持。加大多层次资本市场对新兴经济企业股权、债权融资的支持力度。建立健全知识产权质押登记公示系统，研究设立国家级无形资产转让交易平台。（国家发展改革委、财政部、人民银行、工商总局、银监会、证监会等部门按职责分工负责）

（二十）完善统计调查支撑机制

建立完善新兴经济领域市场主体统计调查和监测分析制度，强化新产业新业态数据搜集、处理、发布和共享工作。修订完善《国民经济行业分类》及有关分类标准，以适应培育壮大新动能需要。打造跟踪分析新兴经济领域运行的统一数据平台。加强对分享经济等新兴经济活动的核算，科学测算评估新兴经济活动在经济增长、资源节约、劳动就业、收入税收等方面的贡献。构建反映新兴经济活动的指标体系，研究建立并择时发布反映全貌和动态变化的新兴经济活动发展指数，提供趋势性数据和预警分析支撑。（国家统计局牵头）

各地区、各部门要充分认识加快培育壮大经济发展新动能的重要性、紧迫性和艰巨性，把思想、认识和行动统一到党中央、国务院决策部署上来，认真履职尽责、密切协调配合、主动担当作为、加强督查检查，切实把本意见提出的各项任务措施落到实处，为进一步激发市场活力和动力、加快新旧动能接续转换营造良好制度环境。

国务院办公厅

2017 年 1 月 13 日

附录二　关于支持民营企业加快改革发展与转型升级的实施意见

发改体政〔2020〕1566号

各省、自治区、直辖市人民政府，新疆生产建设兵团，国务院有关部门，全国总工会、国家开发银行、中国进出口银行、中国农业发展银行、中国国家铁路集团有限公司：

为深入贯彻总书记关于支持民营企业改革发展的重要讲话精神，认真落实《中共中央　国务院关于营造更好发展环境支持民营企业改革发展的意见》有关要求，推动相关支持政策加快落地见效，有效应对新冠肺炎疫情影响，激发民营企业活力和创造力，进一步为民营企业发展创造公平竞争环境，带动扩大就业，经国务院同意，现提出以下意见。

一、切实降低企业生产经营成本

（一）继续推进减税降费。切实落实常态化疫情防控和复工复产各项政策，简化优惠政策适用程序，深入开展有针对性的政策宣传辅导，帮助企业准确掌握和及时享受各项优惠政策。贯彻实施好阶段性减免社会保险费和降低社保费率政策等。对受疫情影响严重的中小企业，依法核准其延期缴纳税款申请。对小微企业2020年1月1日至2021年12月31日的工会经费，实行全额返还支持政策。

（二）进一步降低用能用网成本。落实阶段性降低企业用电价格的支持政策，持续推进将除高耗能以外的大工业和一般工商业电价全年降低5%。切实加强转供电价格监管，确保民营企业及时足额享受降价红利。

（三）深入推进物流降成本。依法规范港口、班轮、铁路、机场等经营服务性收费。建立物流基础设施用地保障机制，引导各地合理设置投资强度、税收贡献等指标限制，鼓励通过长期租赁等方式保障物流用地。规范城市配送车辆通行管理，根据地方实际优化通行管理措施，鼓励发展夜间配送和共同配送、统一配送等集约化配送模式。

二、强化科技创新支撑

（四）支持参与国家重大科研攻关项目。鼓励民营企业参与国家产业创新中心、国家制造业创新中心、国家工程研究中心、国家技术创新中心等创新平台建设，加快推进对民营企业的国家企业技术中心认定工作，支持民营企业承担国家重大科技战略任务。

（五）增加普惠型科技创新投入。各地要加大将科技创新资金用于普惠型科技创新的力度，通过银企合作、政府引导基金、科技和知识产权保险补助、科技信贷和知识产权质押融资风险补偿等方式，支持民营企业开展科技创新。

（六）畅通国家科研资源开放渠道。推动国家重大科研基础设施和大型科研仪器进一步向民营企业开放。鼓励民营企业和社会力量组建专业化的科学仪器设备服务机构，参与国家科研设施与仪器的管理与运营。

（七）完善知识产权运营服务体系。发展专业化技术交易知识产权运营机构，培育技术经理人。规范探索知识产权证券化，推动知识产权融资产品创新。建设国家知识产权公共服务平台，为民营企业和中小企业创新提供知识产权一站式检索、保护和咨询等服务。

（八）促进民营企业数字化转型。实施企业"上云用数赋智"行动和中小企业数字化赋能专项行动，布局一批数字化转型促进中心，集聚一批面向中小企业数字化服务商，开发符合中小企业需求的数字化平台、系统解决方案等，结合行业特点对企业建云、上云、用云提供相应融资支持。实施工业互联网创新发展工程，支持优势企业提高工业互联网应用水平，带动发展网络协同制造、大规模个性化定制等新业态新模式。

三、完善资源要素保障

（九）创新产业用地供给方式。优化土地市场营商环境，保障民营企业依法平等取得政府供应或园区转让的工业用地权利，允许中小民营企业联合参与工业用地招拍挂，可按规定进行宗地分割。鼓励民营企业利用自有工业用地发展新产业新业态并进行研发创新，根据相关规划及有关规定允许增加容积率的，不增收土地价款等费用。民营企业退出原使用土地的，市、县人民政府应支持依法依约转让土地，并保障其合法土地权益；易地发展的，可以协议出让方式重新安排工业用地。

（十）加大人才支持和培训力度。畅通民营企业专业技术人才职称评审通道，推动社会化评审。增加民营企业享受政府特殊津贴人员比重。适时发布技能人才薪酬分配指引，引导企业建立符合技能人才特点的工资分配制度。加快实施职业技能提升行动，面向包括民营企业职工在内的城乡各类劳动者开展大规模职业技能培训，并按规定落实培训补贴。

（十一）优化资质管理制度。对存量资质、认证认可实施动态调整，优化缩减资质类别，建筑企业资质类别和等级压减三分之一以上。对新能源汽车、商用车等行业新增产能，在符合市场准入要求条件下，公平给予资质、认证认可，不得额外设置前置条件。深化工业产品生产许可证制度改革，除涉及公共安全、经济安全产品以外，不再实行许可证管理，对于保留许可证管理产品，审批权限下放至省级市场监管部门。完善强制性产品认证制度，探索引入"自我符合性声明"方式，优化认证程序。

（十二）破除要素流动的区域分割和地方保护。除法律法规明确规定外，不得要求企业必须在某地登记注册，不得为企业在不同区域间的自由迁移设置障碍。支持地方开展"一照多址"改革，探索简化平台企业分支机构设立手续。逐步统一全国市场主体登记业务规范、数据标准和统一平台服务接口，减少区域间登记注册业务的差异性。完善企业注销网上服务平台，进一步便利纳税人注销程序。对设立后未开展生产经营活动或者无债权债务的市场主体，可以按照简易程序办理注销。

四、着力解决融资难题

（十三）加大对民营企业信贷支持力度。引导商业银行增加制造业民营企业信贷投放，大幅增加制造业中长期贷款，满足民营制造业企业长期融资需求。进一步修改完善金融企业绩效评价办法，强化对小微企业贷款业务评价。鼓励中小银行与开发性、政策性金融机构加深合作，提升服务民营企业、小微企业质效。

（十四）支持开展信用融资。加大对中小企业融资综合信用服务平台和地方征信平台建设指导力度，推动政府部门、公用事业单位、大型互联网平台向征信机构和信用评级机构开放企业信用信息，鼓励金融机构和征信机构、信用评级机构加强合作，利用大数据等技术手段开发针对民营企业的免抵押免担保信用贷款产品。加大"信易贷"等以信用信息为核心内容的中小微企业融资模式推广力度，依托全国中小企业融资综合信用服务平台、地方征信平台等各类信用信息服务平台，加大信用信息归集力度，更好发挥对小微企业信用贷款的支持作用。用好普惠小微信用贷款支持方案，大幅增加小微企业信用贷款。深入开展"银税互动"，扩大受惠企业范围，推动缓解企业融资难题。

（十五）拓展贷款抵押质押物范围。支持大型企业协助上下游企业开展供应链融资。依法合规发展企业应收账款、存货、仓单、股权、租赁权等权利质押贷款。积极探索将用能权、碳排放权、排污权、合同能源管理未来收益权、特许经营收费权等纳入融资质押担保范围。逐步扩大知识产权质押物范围，对企业专利权、商标专用权和著作权等无形资产进行打包组合融资，推动知识产权质押贷款增量扩面。继续向银行业金融机构延伸不动产登记服务点，加快"互联网＋不动产登记"，推进查询不动产登记信息、办理抵押预告登记和抵押登记、发放电子不动产登记证明等全程不见面网上办理。鼓励银行等金融机构根据企业物流、信息流、资金流的评价结果，提升制造业民营企业最高授信额度。

（十六）拓展民营经济直接融资渠道。支持民营企业开展债券融资，进一步增加民营企业债券发行规模。大力发展创业投资，支持民营企业创新发展。支持民营企业在全国中小企业股份转让系统、区域性股权市场挂牌交易和融资。

（十七）创新信贷风险政府担保补偿机制。指导政府性融资担保机构加大对中小微企业的支持力度，适当降低融资担保费率。鼓励各地设立信用贷款、知识产权质押贷款、中小微企业贷款等风险分担机制，简化审核流程，分担违约风险。

（十八）促进及时支付中小企业款项。落实《保障中小企业款项支付条例》，加快建立支付信息披露制度、投诉处理和失信惩戒制度以及监督评价机制。要对恶意拖欠、变相拖欠等行为开展专项督查，通报一批拖欠民营企业账款的典型案例，督促拖欠主体限期清偿拖欠账款。

五、引导扩大转型升级投资

（十九）鼓励产业引导基金加大支持力度。更好发挥国家新兴产业创业投资引导基金、国家中小企业发展基金、国家制造业转型升级基金、先进制造业投资基金、战略性新兴产业引导基金和国家绿色发展基金等基金以及地方各级政府设立的产业引导基金作用，鼓励各类产业引导基金加大对民营企业的支持力度。发挥国家科技成果转化引导基金作用，支持民营企业推广转化一批重大技术创新成果。

（二十）支持传统产业改造升级。加快推动传统产业技术改造，向智能、安全、绿色、服务、高端方向发展，加强检验检测平台、系统集成服务商等技术改造服务体系建设。推动机械装备产业高质量发展、石化产业安全绿色高效发展，推进老旧农业机械、工程机械及老旧船舶更新改造。支持危化品企业改造升级，对于仅申报小批量使用危险化学品、不涉及制造和大规模囤积的项目，设立"一企一策"评审通道。

（二十一）支持民营企业平等参与项目投资。用好中央预算内投资和地方政府专项债券筹集的资金，优化投向结构和投资领域，支持金融机构依法合规提供融资，保障各类市场主体平等参与项目建设运营。对在政府和社会资本合作（PPP）项目中设置针对民营资本差别待遇或歧视性条款的，各级财政部门按照规定不予资金支持。探索按照"揭榜挂帅，立军令状"的公开征集方式组织实施一批重大投资工程。

（二十二）引导民营企业聚焦主业和核心技术。优化《鼓励外商投资产业目录》和《产业结构调整指导目录》，推动民营企业在产业链、价值链关键业务上重组整合，进一步集聚资源、集中发力，增强核心竞争力。

（二十三）提升民营企业应急物资供给保障能力。加快发展柔性制造，提升制造业应急保障能力。完善合理的激励政策，引导生产重要应急物资、应急装备的民营企业强化日常供应链管理，增强生产能力储备。积极支持民营节能环保企业参与医疗废弃物处理处置、污水垃圾处理等工程建设。鼓励民营企业加大医疗器械生产制造投资，保障民营企业公平参与公共卫生基础设施建设。

六、巩固提升产业链水平

（二十四）精准帮扶重点民营企业。对处于产业链关键环节重点民营企业所遇到的问题和困难，实施响应快速、程序简单、规则透明的针对性帮扶。及时研判产业链发展趋势，引导企业将产业链关键环节留在国内。

（二十五）依托产业园区促进产业集群发展。以园区为载体集聚创新资源和要素，促进国家级新区、高新技术开发区、经济技术开发区、新型工业化产业示范基地等规模扩大、水平提升。在产业转型升级示范区和示范园区的相关项目安排方面，加大对民营企业支持力度。鼓励各地建设中小微企业产业园、小型微型企业创业创新示范基地、标准化厂房及配套设施。

（二十六）有序引导制造业民营企业产业转移。推动中西部和东北地区积极承接东部地区制造业民营企业转移，支持承接产业转移示范区等重点功能平台建设，为制造业民营企业有序转移创造条件。

（二十七）提高产业链上下游协同协作水平。国有企业特别是中央企业要发挥龙头带动作用，进一步加强与产业链上下游企业协同，协助解决配套民营企业技术、设备、资金、原辅料等实际困难，带动上下游各类企业共渡难关。支持民营企业参与供应链协同制造，推进建设上下游衔接的开放信息平台。

七、深入挖掘市场需求潜力

（二十八）进一步放宽民营企业市场准入。加快电网企业剥离装备制造等竞争性业务，进一步放开设计施工市场，推动油气基础设施向企业公平开放。进一步放开石油、化工、电力、天然气等领域节能环保竞争性业务。制定鼓励民营企业参与铁路发展的政策措施，支持民营企业参与重大铁路项目建设以及铁路客货站场经营开发、快递物流等业务经营。依法支持社会资本进入银行、证券、资产管理、债券市场等金融服务业。推动检验检测机构市场化改革，鼓励社会力量进入检验检测市场。

（二十九）以高质量供给创造新的市场需求。落实支持出口产品转内销的实施意见，支持适销对路出口商品开拓国内市场。扩大基础设施建设投资主体，规范有序推进 PPP 项目，营造公平竞争的市场环境，带动民营企业参与 5G 网络、数据中心、工业互联网等新型基础设施投资建设运营。

（三十）实施机器人及智能装备推广计划。扩大机器人及智能装备在医疗、助老助残、康复、配送以及民爆、危险化学品、煤矿、非煤矿山、消防等领域应用。加快高危行业领域"机器化换人、自动化减人"行动实施步伐，加快自动化、智能化装备推广应用及高危企业装备升级换代。加强对民营企业创新型应急技术装备推广应用的支持力度，在各类应急救援场景中，开展无人机、机器人等无人智能装备测试。

（三十一）支持自主研发产品市场迭代应用。适时修订国家首台（套）重大技术装备推广应用指导目录，优化首台（套）保险覆盖范围，加大对小型关键装备和核心零部件支持力度。支持通过示范试验工程提升国产装备应用水平。

（三十二）助力开拓国际市场。健全促进对外投资的政策和服务体系，拓展民营企业"走出去"发展空间，支持民营企业平等参与海外项目投标，避免与国内企业恶性竞争。搭建支持民营企业开展第三方市场合作的平台。鼓励行业组织协助企业开拓国际市场。发挥海外中国中小企业中心作用，提供专业化、本地化服务。

八、鼓励引导民营企业改革创新

（三十三）鼓励有条件的民营企业优化产权结构。鼓励民营企业构建现代企业产权结构，严格区分企业法人财产和企业主个人以及家族财产，分离股东所有权和公司法人财产权，明确企业各股东的持股比例。鼓励民营企业推进股权多元化，推动民营企业自然人产权向法人产权制度转变。鼓励有条件的股份制民营企业上市和挂牌交易。

（三十四）鼓励民营企业参与混合所有制改革。加大国有企业混合所有制改革力度，深入推进重点领域混合所有制改革。鼓励民营企业通过出资入股、收购股权、认购可转债、股权置换等形式参与国有企业改制重组、合资经营和混合所有制改革，促进行业上下游和企业内部生产要素有效整合。

（三十五）引导民营企业建立规范的法人治理结构。引导企业依据公司法及相关法律法规，形成权责明确、运转协调、有效制衡的决策执行监督体系，健全市场化规范经营机制，建立健全以质量、品牌、安全、环保、财务等为重点的企业内部管理制度。积极推动民营企业加强党组织和工会组织、职工代表大会制度建设，强化企业内部监督，增强企业凝聚力。

九、统筹推进政策落实

（三十六）完善涉企政策服务机制。建立健全企业家参与涉企政策制定机制，鼓励各地建立统一的民营企业政策信息服务平台，畅通企业提出意见诉求直通渠道。认真听取民营企业意见和诉求，鼓励各地建立民营企业转型升级问题清单制度，及时协调解决企业反映的问题困难。

（三十七）加强组织领导和督促落实。发展改革委要会同相关部门统筹做好支持民营企业改革发展与转型升级工作，完善工作机制，加强政策指导、工作协调和督促落实，及时研究解决民营企业发展中遇到的问题。

（三十八）加强典型推广示范引领。开展民营企业转型升级综合改革试点，支持试点地方先行先试、大胆创新，探索解决民营企业转型升级面临突出问题的有效路径和方式，梳理总结民营企业建立现代企业制度和转型升级的经验成效，复制推广各地支持民营企业改革发展的先进做法。

国家发展改革委、科技部、工业和信息化部、
财政部、人力资源和社会保障部、人民银行
2020 年 10 月 14 日

附录三　中共北京市委　北京市人民政府关于进一步提升民营经济活力促进民营经济高质量发展的实施意见

（2020 年 4 月 26 日）

为深入贯彻习近平总书记关于民营经济发展的重要指示和《中共中央、国务院关于营造更好发展环境支持民营企业改革发展的意见》精神，营造有利于民营企业健康发展长期稳定的市场化、法治化、制度化发展环境，推动民营企业创新、开放、规范发展，特别是减轻当前新冠肺炎疫情对民营企业的影响，支持和引导民营企业化危为机，结合本市实际，现提出如下实施意见。

一、进一步营造有利于民营企业公平竞争的市场环境

（一）持续完善市场准入和退出制度。全面清理市场准入负面清单之外违规设立的准入许可和隐性门槛，不得额外对民营企业设置准入附加条件。建立清理隐性门槛的长效机制，重点在教育、文化、体育、医疗、养老等社会领域加大清理力度。破除招投标隐性壁垒，不得对具备相应资质条件的企业设置与业务能力无关的企业规模门槛和明显超过招投标项目要求的业绩门槛。开展与企业性质挂钩的行业准入、资质标准、产业补贴等规定的清理工作。畅通市场化退出渠道，完善企业破产清算和重整制度，提高注销登记便利度。

（二）进一步放开民间投资领域。支持民营企业参与电力、电信、铁路等重点行业和领域改革，承接部分竞争性业务。支持民营企业参与交通、水利、市政公用事业等领域投资运营。支持民营企业参与医疗、教育、养老等领域建设和运营。支持民营企业参与老旧小区、商业区改造等城市更新项目。鼓励和

引导民营企业积极参与新一代信息技术等十大高精尖产业集群建设。鼓励民营企业参与"三城一区"、北京城市副中心等重点项目建设。建立向民营企业推介项目长效机制，每年向民营企业发布推介项目清单。

（三）积极推进混合所有制改革。鼓励民营企业参与央企和市属国有企业混合所有制改革，提高民间资本在混合所有制企业中的比重。鼓励民营企业通过资本联合、产业协同、模式创新等参与国有企业重大投资、成果转化和资产整合项目，符合条件的民营企业可获得项目控制权。建立混合所有制项目发布机制，公开发布合作项目。

（四）实施公平统一的市场监管制度。规范行政执法行为，推进跨部门联合"双随机、一公开"监管和"互联网＋监管"，细化量化行政处罚标准。加强信用监管，进一步规范失信联合惩戒对象纳入的标准和程序，建立完善信用修复机制和异议制度，规范信用核查和联合惩戒。

二、持续营造平等公正保护民营企业合法权益的法治环境

（五）健全政府重诺守信机制。规范政府行为，保持政府行为的连续性、稳定性和一致性。建立政府诚信履约机制，依法履行在招商引资、政府与社会资本合作等活动中与民营企业依法签订的各类合同。建立政府失信责任追溯和承担机制，对造成政府严重失约行为的主要责任人和直接责任人依法依规追究责任。建立解决清理和防止拖欠账款长效机制，通过审计监察和信用体系建设，对拖欠民营企业、中小企业款项的责任人依法严肃问责。建立涉政府产权纠纷治理长效机制。

（六）健全司法对民营企业的平等保护机制。加强对民营企业和企业家合法财产的保护，加强对民营企业家在协助纪检监察机关审查调查时的人身和财产合法权益的保护，严格遵循罪刑法定、法不溯及既往、从旧兼从轻等法治原则处理民营企业涉嫌违法犯罪的行为。依法保护民营企业创新创业行为，对民营企业经营者在正当生产、经营、融资活动中发生的失误，不违反刑法及相关规定的，不得以犯罪论处。准确认定经济纠纷和经济犯罪的性质，严禁刑事执法介入经济纠纷。加强知识产权审判领域改革创新，落实知识产权侵权惩罚性赔偿制度。严格规范司法行为，依法慎重并严格按照法定程序使用查封、扣押、冻结等强制性措施，条件允许情况下可为企业预留必要的流动资金和往来账户。对民营企业经营者个人涉嫌犯罪，需要查封、扣押、冻结涉案财物的，及时甄别区分股东个人财产与企业法人财产。对于符合速裁程序和简易程序条件的涉及民营企业刑事案件，依法从速办理。

（七）完善社会化纠纷调解机制。健全民营企业产权保护社会化服务体系，发挥工商业联合会、行业协会商会、律师事务所在保护非公有制经济和民营企业合法权益方面的作用，优化北京民营企业维权服务平台，完善诉调对接机制。支持各区建立民营企业律师服务团等公益性法律服务组织，开展线上线下法律服务。

三、不断营造有利于激发民营企业生机活力的政策环境

（八）加快构建有利于民营企业资金融通的政策体系。落实优化金融信贷营商环境的政策措施。完善北京市企业续贷受理中心功能，探索建立面向小微企业的贷款服务中心，解决民营企业续贷难、贷款难问题。鼓励银行业金融机构开展无形资产抵押贷款业务，探索拓宽轻资产企业融资渠道。深化新三板改革，支持服务民营企业的区域性股权市场建设。支持符合条件的民营企业发行企业债、公司债、中小企业私募债、可转换为股票的公司债券。完善民营企业增信支持和金融服务体系，利用好市级融资担保基金，2020 年底前累计办理民营和小微企业票据再贴现不低于 500 亿元。开展民营和小微企业金融服务综合改革试点，试点期内对试点区每年给予 3000 万元的资金支持。加大政府投资基金对民营企业的支持力度。积极培育投资于民营科创企业的天使投资、风

险投资等早期投资力量。

（九）不断完善有利于民营企业降成本的政策体系。全面落实国家各项惠及民营企业的减税降费政策。创新产业用地供地方式，新增产业用地通过弹性年期、先租后让、租让结合等多种供应方式，切实控制和降低用地成本。鼓励各区有效盘活闲置土地、厂房资源，为民营企业提供更多低成本发展空间。落实国家一般工商业电价降价政策，减轻企业用电负担。降低企业制度性交易成本，持续推动减事项、减材料、减时间、减跑动，推进全市政务服务"一门、一窗、一网、一号"改革，推动高频政务服务事项办理"最多跑一次"或"一次不用跑"。

（十）持续构建有利于形成亲清政商关系的政策体系。完善民营企业服务机制，坚持市、区领导走访服务企业制度，进一步完善重点企业"服务包"工作体系，兑现服务承诺。畅通企业反映诉求渠道，强化12345市民服务热线企业服务功能，对企业诉求的办理情况进行响应率、解决率和满意率考核。每年召开促进民营经济发展工作会议，营造重商亲商良好氛围。充分发挥行业协会商会服务功能，为民营企业提供政策宣传、需求调研、跟踪反馈和服务对接。健全涉及民营企业的政策评估制度，梳理并督促落实已出台的民营经济发展政策。建立营商环境监督员制度，建立政务服务"好差评"制度，开展企业对政府服务和营商环境评价。

（十一）建立完善应对疫情影响帮助企业化危为机的政策体系。制定实施恢复生产秩序和支持企业转型升级发展的政策措施，助力企业实现疫情当前少减速、疫情过后加速跑。加大对民营企业在纾困、融资、用工等方面的支持力度，引导民营企业用好用足援企稳岗政策、阶段性社保费减免政策、公积金缓缴政策。加强疫情期间援企政策效果的跟踪研判，实施效果好的在条件成熟时及时固化为长效机制。

四、引导民营企业创新发展

（十二）突出民营企业创新主体作用。鼓励民营企业开展原始创新、产品创新、技术创新、商业模式创新、管理创新和制度创新。鼓励民营企业独立或联合承担国家各类科研项目，参与国家重大科学技术项目攻关，参与国家产业创新中心建设。鼓励行业龙头民营企业建设应用基础研究机构，推动研发链条前移。鼓励民营企业开展关键核心技术攻关和自主研发，加快疫情防控关键技术和药品科研攻关。支持民营企业申请发明专利和国际商标。定期发布应用场景项目清单，鼓励民营企业参与人工智能、区块链、前沿材料、5G 等新技术新产品新模式在 2022 年北京冬奥会冬残奥会、北京城市副中心、北京大兴国际机场等国家和本市重大项目的应用场景建设。

（十三）完善促进民营企业创新发展支持机制。充分发挥首台（套）政策作用，助力制造业高质量发展。实施更加积极、开放的人才政策，对业绩贡献突出的民营企业高层次专业技术人员，允许通过"直通车"评审申报工程技术系列或研究系列正高级职称。加快建设创新创业集聚区，认真落实国家相关税收政策，对符合政策规定的孵化器、大学科技园和众创空间，免征房产税和城镇土地使用税，对其向在孵对象提供孵化服务取得的收入免征增值税。

五、引导民营企业开放发展

（十四）支持民营企业开拓国际市场。落实企业委托境外研究开发费用税前加计扣除、企业境外所得税收抵免等政策，切实减轻税收负担。鼓励科技型民营企业并购境外创新资源，在"一带一路"沿线国家建设研发中心、实验室。鼓励民营企业通过参加展会、开展境外品牌和知识产权认证等方式开拓国际市场。鼓励民营企业充分运用跨境电商等贸易新方式拓宽销售渠道，建立"海外仓"和海外运营中心。健全民营企业"走出去"信息、融资、法律、人才等支持服务体系，促进企业稳健开展境外投资，构建海外市场体系。

（十五）支持民营企业开拓区域市场。在京津冀地区，加快探索建立规划制度统一、发展模式共推、治理模式一致、区域市场联动的区域一体化发展机制，推动区域市场一体化建设。鼓励民营企业积极参与京津冀协同发展，发挥龙头和骨干民营企业作用，参与区域间产业升级、项目建设、联盟合作。深入推进国家供应链创新与应用试点，鼓励民营企业在京津冀地区布局产业链，鼓励京外民营企业利用首都创新资源禀赋完善创新链。

六、引导民营企业规范发展

（十六）引导民营企业守法守信。推动民营企业守法合规经营，增强民营企业实实在在做实业、筑牢守法底线的意识，督促民营企业依法经营、依法治企、依法维权，认真履行环境保护、安全生产等责任，在疫情期间严格落实防控责任。引导民营企业重信誉、守信用、讲信义，自觉强化信用管理，及时进行信息披露。推动民营企业积极履行社会责任，引导民营企业参与对口支援和帮扶工作，鼓励民营企业积极参与社会公益、慈善事业和疫情防控，对在疫情防控中发挥重要作用的民营企业给予关爱帮扶和宣传鼓励。加大对优秀企业家的培育和激励力度，制定企业家培育计划，从理想信念、行业发展、经营管理、政策法规等方面开展培训，对有突出贡献的优秀企业家，给予表彰和宣传。

（十七）引导民营企业提升能力。支持民营企业采取联合互助等多种方式提升危机应对能力。鼓励有条件的民营企业加快建立治理结构合理、股东行为规范、内部约束有效、运行高效灵活的现代企业制度。引导民营企业提高经营管理水平、完善内部激励约束机制，推动质量、品牌、财务、营销等方面的精细化管理。鼓励民营企业立足"四个中心"功能建设，强化统筹布局错位发展，促进科技文化深度融合，培育打造文化创意特色品牌。鼓励民营企业聚焦主业加快转型升级，因地制宜优化产业链布局。引导有实力的民营企业做优做强。鼓励引导中小民营企业"专精特新"发展，建立"专精特新"中小企业培育库。教育引导民营企业和企业家拥护党的领导，支持民营企业党建工作。指导民营企业设立党组织，提升民营企业党的组织和工作覆盖质量。

七、保障机制

（十八）建立促进民营经济发展的领导协调机制。加强党对民营经济工作的领导，建立促进民营经济高质量发展的联席会议制度，统筹解决民营经济发展相关问题。加强各部门统筹协调，发挥好经济和信息化部门中小企业资金和平台促进、发展改革部门民间投资项目推动、投资促进中心民间投资信息平台服务、工商联桥梁纽带、科技和商务等部门行业管理作用。

（十九）建立民营经济统计监测和工作评价机制。建立民营经济统计监测分析制度，定期发布全市民营经济发展报告。鼓励智库机构联合专业服务机构探索建立民营经济观测点，加强本市民营经济研究。建立民营经济促进工作评价机制，将支持和引导民营企业克服困难、创新发展方面的工作情况，纳入高质量发展绩效评价体系。

（二十）健全舆论引导和示范引领工作机制。加强舆论引导，坚决抵制、及时批驳澄清质疑基本经济制度、否定民营经济的错误言论。在各类评选表彰活动中，平等对待优秀民营企业和民营企业家。开展民营企业百强调研和发布工作，宣传民营企业发展贡献和履行社会责任情况，树立民营企业良好形象。

各区、各部门、各单位要充分认识提升民营经济活力、促进民营经济高质量发展的重要性，加强组织领导，完善工作机制，着力解决民营企业受疫情影响产生的困难，认真抓好本实施意见的贯彻落实。

附录四 中共北京市委 北京市人民政府关于 加快培育壮大新业态新模式促进 北京经济高质量发展的若干意见

（2020 年 6 月 9 日）

为深入贯彻习近平总书记关于统筹推进疫情防控和经济社会发展工作的重要指示精神，认真落实党中央决策部署，扎实做好"六稳"工作，全面落实"六保"任务，努力在危机中育新机、于变局中开新局，促进北京经济平稳增长和高质量发展，现提出以下意见。

一、总体要求

以习近平新时代中国特色社会主义思想为指导，全面贯彻党的十九大和十九届二中、三中、四中全会精神，深入贯彻习近平总书记对北京重要讲话精神，坚持以人民为中心的发展思想，坚持稳中求进工作总基调，坚持新发展理念，坚持以供给侧结构性改革为主线，坚持以改革开放为动力，立足首都城市战略定位，准确把握数字化、智能化、绿色化、融合化发展趋势，在疫情防控常态化前提下，加快推进新型基础设施建设，持续拓展前沿科技应用场景，不断优化新兴消费供给，高水平推进对外开放，全面改革创新政府服务，培育壮大疫情防控中催生的新业态新模式，打造北京经济新增长点，为北京经济高质量发展持续注入新动能新活力。

二、把握新基建机遇，进一步厚植数字经济发展根基

抓住算力、数据、普惠 AI 等数字经济关键生产要素，瞄准"建设、应用、

安全、标准"四大主线谋划推进，力争到 2022 年底基本建成网络基础稳固、数据智能融合、产业生态完善、平台创新活跃、应用智慧丰富、安全可信可控的新型基础设施。

（一）建设新型网络基础设施。扩大 5G 网络建设规模，2020 年底前累计建成 5G 基站超过 3 万个，实现五环内和北京城市副中心室外连续覆盖，五环外重点区域、典型应用场景精准覆盖，着力构建 5G 产业链协同创新体系，推进千兆固网接入网络建设。优化和稳定卫星互联网产业空间布局。以高级别自动驾驶环境建设为先导，加快车联网建设。构建服务京津冀、辐射全国产业转型升级的工业互联网赋能体系，加快国家工业互联网大数据中心、工业互联网标识解析国家顶级节点（北京）建设。

（二）建设数据智能基础设施。推进数据中心从存储型到计算型升级，加强存量数据中心绿色化改造，加快数据中心从"云 + 端"集中式架构向"云 + 边 + 端"分布式架构演变。强化以"筑基"为核心的大数据平台建设，逐步将大数据平台支撑能力向下延伸，构建北京城市大脑应用体系。提升"算力、算法、算量"基础支撑，打造智慧城市数据底座。推进区块链服务平台和数据交易设施建设。

（三）建设生态系统基础设施。加强共性支撑软件研发，打造高可用、高性能操作系统，推动数据库底层关键技术突破。培育一批科学仪器细分领域隐形冠军和专精特新企业。鼓励建设共享产线等新型中试服务平台。支持各类共享开源平台建设，促进形成协同研发和快速迭代创新生态。加强特色产业园区建设，完善协同创新服务设施。

（四）建设科创平台基础设施。以国家实验室、怀柔综合性国家科学中心建设为牵引，打造多领域、多类型、协同联动的重大科技基础设施集群。突出前沿引领、交叉融合，打造与重大科技基础设施协同创新的研究平台体系。围绕脑科学、量子科学、人工智能等前沿领域，加强新型研发机构建设。以创建国家级产业创新中心为牵引，打造产业创新平台体系。完善科技成果转化服务平台，培育先进制造业集群促进机构。

（五）建设智慧应用基础设施。实施智慧交通提升行动计划，拓展智能停车、智慧养老等智慧社区和智慧环境应用。加快构建互联网医疗服务和监管体系，推进互联网医院建设，加强 AI 辅助诊疗等技术运用。引导各类学校与平台型企业合作，开发更多优质线上教育产品。支持企业建设智能协同办公平台。推动"互联网＋"物流创新工程，推进现代流通供应链建设。加快传统基建数字化改造和智慧化升级。

（六）建设可信安全基础设施。促进网络安全产业集聚发展，培育一批拥有网络安全核心技术和服务能力的优质企业，支持操作系统安全、新一代身份认证、终端安全接入等新型产品服务研发和产业化，建立可信安全防护基础技术产品体系，形成覆盖终端、用户、网络、云、数据、应用的安全服务能力。支持建设一体化新型网络安全运营服务平台，提高新型基础设施建设的安全保障能力。

三、拓展新场景应用，全力支持科技型企业创新发展

聚焦人工智能、5G、物联网、大数据、区块链、生命科学、新材料等领域，以应用为核心，通过试验空间、市场需求协同带动业态融合、促进上下游产业链融通发展，推动新经济从概念走向实践、转换为发展动能，促进科技型企业加快成长。

（七）实施应用场景"十百千"工程。建设"10＋"综合展现北京城市魅力和重要创新成果的特色示范性场景，复制和推广"100＋"城市管理与服务典型新应用，壮大"1000＋"具有爆发潜力的高成长性企业，聚焦"三城一区"、北京城市副中心、中国（河北）自由贸易试验区大兴机场片区等重点区域，加速新技术、新产品、新模式的推广应用，为企业创新发展提供更大市场空间，培育形成高效协同、智能融合的数字经济发展新生态。

（八）加强京津冀应用场景合作共建。将工业升级改造应用场景作为推动京津冀协同创新重要内容。聚焦津冀钢铁、装备、石化等重点行业的智能化、数字化升级改造需求，深入开展需求挖掘和技术梳理，支持企业参与津冀应用场景建设。加快京津冀产业链供应链协同合作，共同构建区域产业创新生态。

（九）增强"科技冬奥"智能化体验。围绕办赛、参赛、观赛等重点环节，加强数字孪生、云转播、沉浸式观赛、复眼摄像、多场景一脸通行等智能技术的体验布局。建设奥林匹克中心区、延庆赛区、首钢园区三大智慧示范园区，推动自动驾驶、智慧导览、高清直播、虚拟体验、智能机器人、数字化3D重建等技术在园区应用。

（十）推动央企应用场景创建。深入对接金融、能源、电力、通信、高铁、航空、建筑等领域在京央企，围绕科技金融、智慧能源、数字建筑、智能交通、智慧工厂以及老旧小区改造等领域的技术需求，共同组织凝练一批具有较大量级和较强示范带动作用的应用场景，推动工业互联网、智能装备制造、大数据融合、现场总线控制等领域企业参与央企应用场景建设。

四、挖掘新消费潜力，更好满足居民消费升级需求

顺应居民消费模式和消费习惯变化，深化消费领域供给侧结构性改革，加强消费产品和服务标准体系建设，完善促进消费的体制机制，切实增强消费对经济发展的基础性作用，更好满足人民群众多元化、品质化消费需求。

（十一）举办北京消费季活动。以"政策＋活动"为双轮驱动，组织开展贯穿多个重要节假日的促消费活动，促进线上线下全场景布局、全业态联动、全渠道共振，实现千企万店共同参与，周周有话题、月月有活动，激发消费热情，加快消费回补和潜力释放。

（十二）支持线上线下融合消费。倡导绿色智能消费，实施 4K 进社区工程，在重点商业街布局 8K 显示系统。发挥本市大平台大流量优势，拓展社群营销、直播卖货、云逛街等消费新模式，支持线上办展。鼓励线上企业推广移动"菜篮子"、门店宅配、无接触配送等新项目，引导企业建设共同配送服务中心和智能自提柜相结合的末端配送服务体系。

（十三）扩大文化旅游消费。鼓励景区推出云游览、云观赏服务。实施"漫步北京""畅游京郊"行动计划和"点亮北京"夜间文化旅游消费计划，引导市民开展家庭式、个性化、漫步型旅游活动。繁荣首店首发经济，培育发展一批网红打卡新地标，满足年轻时尚消费需求。支持线上体育健康活动和线上演出发展。加强国产原创游戏产品前期研发支持，提高精品游戏审核服务效率。

（十四）便利进口商品消费。支持跨境电商保税仓、体验店等项目建设。进一步扩大开展跨境电商"网购保税＋线下自提"业务的企业范围，推进跨境电商进口医药产品试点工作，提升航空跨境电商、跨境生鲜等物流功能。争取保税货物出区展览展示延期审批流程优化。加快落实国家免税店创新政策，优化口岸、市内免税店布局。

（十五）优化升级消费环境。支持企业创制标准，率先落实以企业产品和服务标准公开声明为基础、第三方机构开展评估的企业标准"领跑者"制度。完善生活性服务业标准规范。以首都功能核心区为重点，以市场化方式推动老城区百货商场、旅行社和酒店提质升级。

五、实施新开放举措，不断提升开放型经济发展水平

发挥服务业扩大开放综合试点与自由贸易试验区政策叠加优势，搭建更高水平开放平台，着力构建具有北京特点的开放型经济新体制，以开放的主动赢得发展的主动，以高水平的开放赢得高质量的发展。

（十六）全面升级服务业扩大开放。制定服务业扩大开放升级方案，推动"云团式"产业链集群开放，实现"产业开放"与"园区开放"并行突破。加快北京天竺综合保税区创新升级，争取设立北京大兴国际机场综合保税区，积极推动北京亦庄综合保税区申报。建设面向全球、兼顾国别特色的国际合作产业园区，推动共建"一带一路"高质量发展。做强双枢纽机场开放平台，提升北京首都国际机场和大兴国际机场国际航线承载能力。高标准办好中国国际服务贸易交易会、中关村论坛、金融街论坛。

（十七）高质量建设自由贸易试验片区。发挥临空经济区、自由贸易试验区、综合保税区"三区"叠加优势，分阶段推出中国（河北）自由贸易试验区大兴机场片区制度创新清单，赋予更大改革自主权。全面推广实施"区域综合评估＋标准地＋告知承诺"开发模式，编制重点产业招商地图和产业促进政策，加快建设成为国际交往中心功能承载区、国家航空科技创新引领区和京津冀协同发展示范区。

（十八）加大重点领域开放力度。将金融开放作为建设国家金融管理中心的重要组成部分，发展全球财富管理，推动跨境资本有序流动，探索本外币合一的账户体系，提升金融市场国际化专业服务水平，加强金融科技创新国际合作。推进科技服务业开放，促进中关村国家自主创新示范区在开放中全面创新，吸引世界知名孵化器、知识产权服务机构等落地，建设海外创投基金集聚区。加快数字贸易发展，建立健全数字贸易交易规则，培育一批具有全球影响力的数字经济龙头企业、独角兽企业。推进文化国际交流合作和旅游扩大开放，深化专业服务领域开放改革。

（十九）完善开放保障机制。强化知识产权保护和运用机制，统筹推进知识产权多元化保护格局，完善新领域新业态知识产权保护制度。提升贸易便利化，拓展国际贸易"单一窗口"服务功能和应用领域，申报创建国家进口贸易促进创新示范区。推行准入、促进、管理、保护多位一体的外商投资服务机制。优化国际人才服务保障，建设外籍人才服务体系，完善国际医疗、国际学校等生活配套服务。

六、提升新服务效能，着力营造国际一流营商环境

主动适应新动能加速成长的需要，研究制定优化营商环境政策4.0版，加快转变政府职能，更大力度破解体制机制障碍，构建企业全生命周期服务体系，精准帮扶企业特别是受疫情影响严重的中小微企业渡过难关，努力打造国际一流营商环境高地。

（二十）深化"放管服"改革。进一步精简行政审批，细化审批标准，定期开展评估。更大力度清理备案事项、证明事项，规范中介服务，试点"备查制"改革，全面清理影响市场主体经营准入的各种隐性壁垒。推进"证照分离"改革，清理职业资格和企业资质，强化公平竞争审查制度刚性约束，不断降低准入门槛。积极争取建筑师负责制试点。全面推进"双随机、一公开"监管和线上"非接触"监管，建立健全行政处罚裁量基准制度和执法纠错机制，规范监管执法行为，减少不当干预。

（二十一）提升服务企业效能。全面实施一次性告知清单制度，深化"办好一件事"，优化新业态"一件事"办理流程。优化商事仲裁，增强国际商事仲裁服务能力，提升商事案件审判质效，强化企业破产管理。设立政策兑现窗口，推行政策兑现"一次办"。完善企业"服务包"制度，建立由市、区两级主要领导牵头的定期走访企业机制，畅通政企沟通渠道，着力构建"亲""清"新型政商关系。

（二十二）加快打造数字政府。健全公共数据目录，统一数据接入的规范和标准，制定数据开放计划，优先将与民生紧密相关、社会迫切需要、行业增值潜力显著的公共数据纳入开放清单。深化大数据精准监管，出台政府与社会数据共享治理规则，打破"数据烟囱"和"信息孤岛"。实施政务网络升级改造，完善1.4G专网覆盖。提升政法工作智能化建设水平。在更大范围内实现"一网通办"，大力推进"不见面"审批。改造升级公共信用信息服务平台，推动信用承诺与容缺受理、信用分级分类监管应用。

（二十三）精准帮扶中小微企业。完善中小微企业数据库，精准帮扶科技创新、基本生活性服务业等行业的中小微企业，特别是餐饮、住宿、旅游、影院剧场等受疫情影响严重的行业企业。加强政银企数据共享，提高中小微企业首贷比例、信用贷款比例，大力推广供应链融资，鼓励银行强化首贷中心、续贷中心特色化产品配置，加强进驻银行考核评价。用好用足再贷款再贴现专项政策。健全知识产权质押融资风险分担机制。大力推动中小企业数字化赋能，建设一批细分行业互联网平台和垂直电商平台，培育一批面向中小企业的数字化服务商。鼓励专业服务机构企业上云，打造中小企业数字赋能生态。

七、实施保障

（二十四）加强组织领导。建立健全工作推进机制，主管市领导按照职责分工每月专项调度、协调推进。各区各部门各单位建立相应推进机制，主要负责同志亲自研究部署和组织推动相关工作。各相关部门抓紧制定实施细则，尽快形成"1+5+N"政策体系。

（二十五）完善投入机制。制定"五新"政策资金保障方案，统筹用好财政资金、产业基金，提升政府资金使用绩效。完善社会资本投入相关政策，切实降低准入门槛，做好社会资金投资服务。

（二十六）创新服务监管。坚持改革创新，进一步提升政府服务在行政审批、政策支持、标准规范、资源开放等方面的科学性、灵活性和针对性。坚持包容审慎监管，建立市级统筹研究协调机制，探索适用于新业态新模式的"沙箱监管"措施。

（二十七）确保落地实施。坚持清单化管理、项目化推进，各牵头部门尽快梳理形成"五新"政策项目清单。加强督查督办，制定督查任务台账和项目台账，定期跟踪问效。各区各部门各单位定期听取企业和群众对政策落实的意见建议，针对发现问题及时调整完善政策。

后 记

当前，我国经济发展已由以往的高速增长转向高质量发展阶段，推动高质量发展已成为做好经济工作的根本要求。党的十九届五中全会通过了《中共中央关于制定国民经济和社会发展第十四个五年规划和二〇三五年远景目标的建议》，对"十三五"时期的发展进行了全面回顾和总结，提出了要加快发展现代产业体系，推动经济体系优化升级，把发展经济的着力点放在实体经济上等一系列战略部署。"十四五"时期要坚持稳中求进的工作总基调，以推动高质量发展为主题，以深化供给侧结构性改革为主线，以改革创新为根本动力，加快建设现代化经济体系，加快构建以国内大循环为主体、国内国际双循环相互促进的新发展格局。

民营经济是改革开放的产物，民营企业以经营机制灵活见长，对内可以为经济发展不断提供新活力，对外能够成为中国深度融入经济全球化的桥梁，是我国国民经济体系的重要组成部分，对国民经济发展全局起着举足轻重的作用。据统计，截至 2017 年底，我国民营企业数量超过 2700 万家，个体工商户超过 6500 万户，注册资本超过 165 万亿元。民营经济贡献了 50% 以上的税收，60% 以上的国内生产总值，70% 以上的技术创新成果，80% 以上的城镇劳动就业和 90% 以上的企业数量。实现高质量发展，需要民营经济扮演"生力军"

角色。我国经济发展转向高质量发展阶段，正处在转变发展方式、优化经济结构、转换增长动力的攻关期。尤其是，当创新成为我国经济高质量发展的重要推手时，贡献 70% 以上技术创新的民营经济，无疑是发挥创新、引领发展第一动力的重要力量。大力发展民营经济，有利于促进我国经济转型升级，不断增强我国经济竞争力，推动国民经济高质量发展。

习近平总书记 2018 年 11 月在民营企业座谈会上的讲话中强调，民营经济是社会主义市场经济发展的重要成果，是推动社会主义市场经济发展的重要力量，是推进供给侧结构性改革、推动高质量发展、建设现代化经济体系的重要主体。建设现代化国家新征程中，同样需要大力发展民营经济，需要民营经济继续撑起中国经济的"半壁江山"。从一定意义上讲，民营经济发展得好，国民经济才能焕发出勃勃生机，人民生活水平才能持续得以改善，民生福祉才能达到新水平，就业才能更加充分、更有质量。

为深入贯彻习近平总书记关于支持民营企业改革发展的重要讲话精神，认真落实《中共中央　国务院关于营造更好发展环境支持民营企业改革发展的意见》中的有关要求，有效应对新冠肺炎疫情的影响，激发民营企业活力和创造力，进一步为民营企业发展创造公平竞争环境，带动扩大就业，2020 年10 月，国家发展改革委、科技部、财政部等五部委和中国人民银行联合出台《关于支持民营企业加快改革发展与转型升级的实施意见》，强调促进民营经济高质量发展的重要性，着力解决民营企业受疫情影响产生的困难。

在经济发展新动能培育方面，随着全球创新创业进入高度密集活跃期，人才、知识、技术、资本等创新资源全球流动的速度、范围和规模达到空前水平，创新模式发生重大变化，生产、流通、分配、消费的新模式快速形成。为落实党中央、国务院决策部署，破解制约新动能成长和传统动能改造提升的体制机制障碍，强化制度创新和培育壮大经济发展新动能，加快新旧动能接续转换，2017 年，国务院办公厅发布《关于创新管理优化服务，培育壮大经济发展新动能，加快新旧动能接续转换的意见》，紧密结合新一轮科技革命和产业变革呈现多领域、跨学科、群体性突破新态势，诸多新产业、新业态蕴含巨大发展潜力，呈现出技术更迭快、业态多元化、产业融合化、组织网络化、发展个性化、要素成果分享化等新特征。以技术创新为引领，以新技术、新产业、新业态、新模式为核心，以知识、技术、信息、数据等新生产要素为支撑的经济发展新动能正在形成。加快培育壮大新动能、改造提升传统动能以促进经济结构转型和实体经济升级。

北京市委市政府以习近平新时代中国特色社会主义思想为指导，深入贯彻落实习近平总书记视察北京重要讲话精神，坚持"稳中求进"的工作总基调，坚定不移贯彻新发展理念，坚持以供给侧结构性改革为主线，落实高质量发展要求，加强对民营经济发展的指导，重视经济发展新动能的培育，出台了《关于进一步提升民营经济活力　促进民营经济高质量发展的实施意见》，其中推出 20 条措施支持民营经济化危为机，突出民营企业创新主体作用，鼓励民营企业参与人工智能、区块链、前沿材料、5G 等新技术、新产品、新模式的研究与探索；出台《关于加快培育壮大新业态新模式　促进北京经济高质量发展的若干意见》，立足首都城市战略定位，准确把握数字化、智能化、绿色化、融合化发展趋势，营造有利于民营经济健康发展和经济增长新动能培育的长期稳定的良好环境。截至 2018 年，北京共有民营企业 131.7 万户，占全市企业总数的 90% 以上，解决了 60% 以上的城镇劳动力就业。2017 年底，北京共有规模以上民营企业 2.45 万家，年营业收入合计达 3.6 万亿元，实现利润 2564 亿元，北京辖区内民营上市公司 163 家，占全市上市公司的比例过半。民营经济的壮大、经济发展新动能的培育催生了一批新的业态和发展新模式，打造了北京经济新的增长点，为北京经济高质量发展持续注入了新动能、新活力。

大兴区位于北京市南部，区位优势明显，素有"京南门户"之称，处于连接北京中心城区、北京南城及雄安新区的大通道上,"京雄发展走廊"横空出世,为大兴经济发展奠定了良好的基础。全区面积 1040 平方千米,具备优越的地理位置和独有的政策利好。随着国家京津冀协同发展战略的逐步落实,北京市"四个中心"城市战略定位的确定,北京城市副中心、大兴国际机场建成运营等一系列重大决策和项目的实施,大兴区面临着历史上难得的战略发展机遇。

近年来,大兴区立足首都城市战略定位,认真落实北京城市总体规划,有序疏解非首都功能,加快转变发展方式,着力补齐发展短板。截至 2019 年末,大兴区国家级高新技术企业达到 830 家,输出技术合同 2210 项,成交额 337.6 亿元,比上年增长 26.8%。民营科技企业不仅创收越来越高,企业整体素质也稳步提高,民营企业的增长方式由原来的劳动密集型逐渐向技术密集型转变,企业的技术装备得到了提高。据测算,大兴区 2019 年国内生产总值同比增长 6.5% 左右;一般公共预算收入实现 102.5 亿元,首破百亿,同比增长 11%;社会消费品零售额完成 464.1 亿元,同比增长 6%;城镇居民人均可支配收入同比增长 9% 左右。在推动民营经济健康发展,着力培育经济发展新动能,打造新的经济增长极等方面,大兴区取得明显成效。

北京印刷学院作为扎根大兴区且办学最早的高等学校,一直把服务大兴区经济社会发展作为自身重要的社会职责。按照大兴区政府网站课题招标的要求,我们有幸中标承担了 2020 年大兴区第四次全国经济普查招标重点课题中的"大兴区民营经济发展状况研究"和"大兴区培育经济发展新动能成效研究"两项课题的研究任务,课题组通过深入实际、实地走访、整理分析相关普查统计资料等,顺利完成了两项课题的研究工作。

在系统总结两项课题研究成果的基础上,课题组编写了《北京市大兴区民营经济发展与新动能培育成效研究》一书。本书利用大兴区第四次全国经济普查数据及相关资料,在保证数据运用准确的前提下,立足国家发展扶持民营经济、培育经济发展新动能的战略及大兴区功能发展定位的实际，深入分析了大兴区民营经济和新动能培育的现状，找出了发展中存在的问题，对民营经济发展进行趋势预判，对培育经济发展新动能的衡量指标体系进行探讨，提出了大兴区推动民营经济发展、培育经济发展新动能的思路和对策。希望本书出版能对大兴区以及全国其他类似区域的民营经济发展、经济发展新动能培育和推动经济高质量发展提供有益的借鉴。

课题在研究过程中得到了大兴区统计局、大兴区发改委及相关部门领导的关心和支持，尤其要感谢大兴区统计局的赵玉洁、陈鹏飞、常悦等同志，他们为本课题的修改完善提出了有针对性的意见和建议，提供了相关的研究数据和资料。

本书的顺利出版得到了北京印刷学院企业管理学科与研究生培养专项资金，北京市优秀教学团队专项资金的资助。

王关义

2020 年 10 月于北京